Anton Powell

LE MONDE GREC

ATLAS HISTORIQUE

casterman

Conception et Production
© EQUINOX,
Oxford (Grande-Bretagne) 1989

Conseillers éditoriaux :
Gillian Evans (Université de Cambridge),
Peter Levi (Université d'Oxford)

Texte original :
Anton Powell
pour Facts on File ltd,
Oxford (Grande-Bretagne)

Traduction et adaptation françaises :
Anne et Nicolas Blot

Edition française
© Editions Casterman s.a. 1990
ISBN 2 203 -171-02-2

Crédits artistiques et photographiques
Cartes : Lovell Johns.
Photographies :

1 D.A.Harissiadis, Athènes. 5 ZEFA. 8/9 ZEFA. 10bg, 13 Ekdotike Athenon, Athènes. 14 Deutsches Archäologisches Institut, Athènes. 17, 21h,21b Scala, Florence. 22 Giraudon, Paris. 23h Ekdotike Athenon, Athènes. 24 Deutsches Archäologisches Institut, Rome. 25hg Ekdotike Athenon, Athènes. 25cg John Fuller, Cambridge. 25hc Kunsthistorisches Museum, Vienne. 25hd Musée de Corfou. 26/27 Elsevier Archives. 27hg Musée du Louvre, Paris. 30 Malcolm McGregor, Londres. 33hg Staatliche Museum, Berlin Ouest. 33b Ekdotike Athenon, Athènes. 36/37, 38h British Museum, Londres. 38bg John Fuller, Cambridge. 39bc Pergamon Museum, Berlin Est. 39d John Fuller, Cambridge. 41h British Museum, Londres. 41b Ekdotike Athenon, Athènes. 42 Phaidon Archives. 43h Spyros Tsardavoglou, Athènes. 43b Malcom McGregor. 44/45, 45hd, 45c, 45bg Spyros Tsardavoglou, Athènes. 47cg National Museum, Copenhague. 47bg John Fuller, Cambridge. 47bd Délégation archéologique française en Afghanistan. 48/49 Zefa Picture Library, Londres. 49 Capitoline Museum, Rome. 50/51 ZEFA. 60h Robert Hass, Londres. 60b D.A. Harissiadis, Athènes. 61g Ekdotike Athenon, Athènes. 61hd Hirmer Fotoarchiv, Munich. 62 Edward Dodwell. 62/63, 63hd Ekdotike Athenon, Athènes. 63cd Robert Harding Associates, Londres. 63bd John Fuller, Cambridge. 64h Ashmolean Museum, Oxford. 64bg Museum of Fine Arts, Boston, Mass. 64/65, 65h Scala, Florence. 66h Hirmer Fotoarchiv, Munich. 66b R.V. Schoder, S.J., Chicago. 67hg Mansell Collection, Londres. 67hd Ekdotike Athenon, Athènes. 67cd Hirmer Fotoarchiv, Munich. 67b Alison Frantz. 68 A.F. Kersting, Londres. 69 Staatliche Museum, Berlin. 70h R.V. Schoder, S.J., Chicago. 71hg Alison Frantz. 71hd Edwin Smith, Saffron Walden. 71b Hirmer Fotoarchiv, Munich. 73h, 73cg Ekdotike Athenon, Athènes. 73bg Michael Holford, Loughton. 73bc Zefa Picture Library, Londres. 73bd Sonia Halliday, Weston Turville, Bucks. 74h Michael Holford, Loughton. 74b Sonia Halliday, Weston Turville, Bucks. 75h, 75b Robert Harding Associates, Londres. 78, 79b, 80hg, 80hd, 80bg Michael Holford, Loughton. 81b Scala, Florence. 83hd Museum of Fine Arts, Boston, Mass. 83cd Scala, Florence. 83bd Musée du Louvre, Paris. 84 Wadsworth Atheneum, Hartford, Conn. ; J. Pierpont Morgan Collection. 86hd Ekdotike Athenon, Athènes. 86bg British Museum, Londres. 87h Musée du Louvre, Paris. 88bg Ekdotike Athenon, Athènes. 88bd Metropolitan Museum of Art, NY, Rogers Fund, 1913. 88/89 R. Barnard, Somerset et John Fuller, Cambridge. 89bd British Museum, Londres. 92 Zefa Picture Library, Londres.

Tous droits réservés. Aucune partie de ce livre ne peut être reproduite, sous quelque forme que ce soit, sans l'autorisation de l'éditeur.
Imprimé en Espagne. Dépôt légal : août 1990 ; D. 1990/0053/64. Déposé au Ministère de la Justice, Paris (loi n° 49.956 du 16 juillet 1949 sur les publications destinées à la jeunesse).

SOMMAIRE

Préface	4	Deuxième Partie	
Chronologie	6	**Culture et Société**	

Première Partie
Histoire de la Grèce

Minoens et Mycéniens	10
Les Temps obscurs	12
Le Siège de Troie	14
Aristocrates et Poètes	16
La Colonisation	18
L'Ere des Tyrans	20
Sparte la belliqueuse	22
L'Essor d'Athènes	24
Sous la Menace perse	26
La Guerre navale	28
Les Hoplites, Nerf de la Guerre	30
Les Guerres du Péloponnèse	32
Le Siège de Platée	34
Les Monnaies grecques	36
Le Commerce et la Navigation	38
L'Empire spartiate et les Dix Mille	40
Philippe et l'Essor de la Macédoine	42
Les Tombes royales de Macédoine	44
Les Campagnes d'Alexandre	46
Les Royaumes hellénistiques	48

Le Nord-Ouest	52
Le Sud-Ouest	54
Le Nord-Est	56
Le Sud-Est	58
La Richesse des Iles : Cnossos et Santorin	60
Les Palais du Continent : Mycènes et Pylos	62
Mythes sanglants	64
Dieux et Déesses de l'Olympe	66
Delphes et l'Oracle d'Apollon	68
Olympie, Site des Jeux	70
Les Jeux olympiques	72
Athènes, la Cité radieuse	74
L'Acropole, Joyau d'Athènes	76
Les Sculptures du Parthénon	78
La Peinture sur Vase	80
La Vie quotidienne à Athènes	82
La Vie quotidienne à Sparte	84
La Vie recluse des Femmes grecques	86
Le Théâtre grec	88
Les Maisons d'Olynthe	90
Glossaire	93
Index géographique	94
Index	95

PRÉFACE

Cet ouvrage présente l'histoire des Grecs de l'Antiquité, qui formaient sans doute le peuple le plus aventureux et le plus créatif qui ait jamais existé. L'influence de la Grèce antique s'exerça sur des territoires beaucoup plus étendus que ceux qui constituent l'actuelle Grèce. À la fin du IVe siècle av. J.-C., Alexandre le Grand et ses armées de langue hellénique conquirent un empire allant de l'Asie Mineure et de l'Egypte jusqu'à l'Inde.

Ce livre est un atlas dont les cartes permettent de suivre les activités des Grecs en différents lieux et de comprendre en quoi les paysages de la péninsule influaient sur le mode de vie de ses habitants. Plus encore que pour les autres civilisations, les cartes jouent un rôle essentiel dans la connaissance que nous pouvons avoir de ce peuple. Pendant la majeure partie de sa longue histoire, la Grèce ne possédait ni capitale ni gouvernement central, mais des dizaines, voire des centaines de communautés indépendantes, appelées cités. De toutes ces «cités-Etats», seule Athènes atteignit la taille d'une métropole moderne.

Si l'on pouvait remonter le temps et visiter une cité grecque, elle apparaîtrait davantage comme un village que comme une ville. Pourtant les gros «bourgs» de la Grèce antique étaient dotés d'une muraille défensive et prenaient seuls des décisions fort importantes, comme celle de partir en guerre. L'indépendance de ces communautés favorisa certainement chez les citoyens le sentiment de leur propre importance, ce qui explique peut-être leur créativité.

Les idées des Grecs se répandirent à travers le monde connu. A partir du IIe siècle av. J.-C., la plupart des cités grecques furent intégrées à l'Empire romain, mais les Grecs étaient à ce point civilisés que, bien souvent, ils se chargèrent de l'éducation de leurs nouveaux maîtres : ils apprirent aux Romains à écrire, à peindre, à bâtir et même à gérer leur empire. Les Grecs de l'Antiquité font l'admiration des hommes d'aujourd'hui, car ils excellèrent dans la production d'idées nouvelles appelées à durer : ainsi, «démocratie», «philosophie» ou «athlétisme» sont des mots d'origine grecque et recouvrent des concepts inventés par les Grecs.

Le présent ouvrage s'intéresse aux périodes les plus connues de l'histoire de la Grèce antique, de 1600 av. J.-C. (l'âge du bronze) jusqu'au début du Ier siècle av. J.-C., époque de la conquête romaine. Au cours de ces siècles, la civilisation grecque prit des formes très diverses. Les Mycéniens de l'âge du bronze furent de formidables bâtisseurs et travaillèrent les métaux avec adresse. Au VIIIe siècle av. J.-C., les Grecs mirent au point un mode d'écriture très efficace dont les premières lettres étaient *alpha* et *beta*, système à l'origine de l'alphabet que nous employons aujourd'hui.

Cet ouvrage est divisé en deux grandes parties. La première, **Histoire de la Grèce**, présente l'histoire des Grecs en expliquant comment ce peuple parvint à asseoir sa domination sur le monde antique. Ces chapitres sont abondamment illustrés de cartes qui mettent en lumière des thèmes particuliers. Elles sont accompagnées de tableaux reprenant les dates clés et les événements importants de l'histoire grecque. La deuxième partie, **Culture et Société**, traite de l'influence exercée par les Grecs sur les territoires qu'ils occupaient. Les cartes de ces chapitres sont davantage du type «atlas», et comprennent le détail des rivières, des villes, des routes, des montagnes et des plaines. L'index géographique situé à la fin de l'ouvrage permet de localiser les villes et les villages importants, sous leur appellation ancienne et moderne.

Cet atlas est présenté par doubles-pages constituant chacune un récit complet. Ainsi peut-on le lire en commençant par le début, ou ne s'intéresser qu'à un événement particulier en lisant la double-page correspondante. Le glossaire de la page 93 comprend les définitions de certains termes historiques et grecs contenus dans le livre. ■

Abréviations utilisées dans ce livre
ap. J.-C. = après Jésus-Christ
(après la naissance du Christ, début de l'ère chrétienne)
av. J.-C. = avant Jésus-Christ
env. = environ. **cm** = centimètre. **m** = mètre. **km** = kilomètre. **s.** = siècle. **v.** = vers
Pour les dates,
« début du IIIe siècle av. J.-C. » par exemple signifie « vers 290 ou 280 av. J.-C. »,
et « fin du IIIe siècle av. J.-C. », vers « 220 ou 210 av. J.C. ».

Les Cariatides de l'Erechtéion, sur l'Acropole, citadelle de l'Athènes ancienne.

CHRONOLOGIE

	2 000 av. J.-C.	1 500	1 000	800	600
MER EGEE ET GRECE CONTINENTALE	Civilisation des palais crétois	Les tombes à fosse de Mycènes Eruption à Santorin Chute de Cnossos Chute de Mycènes	Introduction du fer oriental puis retour au bronze Essor des familles aristocratiques	Essor démographique en Grèce Grande période de colonisation à l'est et à l'ouest Début des grandes manifestations panhelléniques Tyrans au pouvoir dans de nombreuses cités Apparition des combats de hoplites	Premières monnaies grecques Début de la démocratie à Athènes Sparte domine le Péloponnèse
	Masque dit d'Agamemnon, Mycènes, vers 1500 av. J.-C.		"Vase aux guerriers", Mycènes, début du XIIe s. av. J.-C.	Amphore à décor géométrique, Athènes, vers 750 av. J.-C.	"Koré au péplos", Acropole d'Athènes, vers 530 av. J.-C.
PERIODE	Age du bronze		Temps obscurs	Période archaïque	
POTERIE, ART ET ARCHITECTURE	Grands palais crétois Statuettes, petits objets en or et pierres semi-précieuses	Fresques de Santorin Grandes tombes à coupole	Style proto-géométrique	Style géométrique Style orientalisant Vases monumentaux Trépieds d'Olympie Premiers temples en pierre	Style archaïque (figure noire) Kouroi et korai
		Amphore représentant un poulpe, Crète orientale 1350 av. J.-C.	Ivoire sculpté du XIIIe s., Mycènes		Guerrier hoplite en bronze, Dodone
LITTERATURE, PHILOSOPHIE ET SCIENCE	Ecriture linéaire A Ecriture linéaire B Alphabet phénicien			Alphabet grec Homère Hésiode Poètes lyriques	Débuts de la tragédie et de la comédie Pythagore Sapho Eschyle, Pindare, Sophocle,
EGYPTE, ASIE MINEURE ET ORIENT	Nouvel empire égyptien Toutankhamon Empire hittite en Anatolie Empire babylonien		Milet, colonies ioniennes et de la mer Noire Apogée de l'Empire assyrien	Les Assyriens vaincus par les Mèdes et les Babyloniens	Darius fonde l'Empire perse Conquête de l'Egypte par les Perses

| 500 | 400 | 300 | 200 | ap. J.-C. | 500 ap. J.-C. |

Invasions perses
Athènes prend la tête de la ligue de Délos
Siècle de Périclès
Guerre du Péloponnèse

Renaissance athénienne
Essor de la Macédoine
Chute de Sparte
Campagnes d'Alexandre

Essor politique des ligues achéenne et étolienne

Guerres macédoniennes
La Macédoine devient une province romaine
L'Achaïe devient une province romaine
La Grèce reste le centre culturel et intellectuel de la Méditerranée

Le Parthénon, Athènes, achevé en 432 av. J.-C.

Alexandre le Grand à la bataille d'Issos. Détail d'une mosaïque de Pompéi.

La Vénus de Milo, marbre du IIe s. av. J.-C.

Pièce de monnaie d'Hadrien, IIe s. ap. J.-C.

Période classique | Période hellénistique | Empire romain | Empire byzantin

Style à figure rouge
Temple de Zeus à Olympie
Parthénon, Erechtéion
Phidias, Polyclète (sculpteurs)
Polygnote (peintre)

Peintres du sud de l'Italie
Praxitèle (sculpteur)
Mausolée d'Halicarnasse

Style baroque hellénistique

Autel de Zeus, Pergame
Victoire de Samothrace
Vénus de Milo

Copies romaines de la sculpture et de l'architecture grecques

Vase du Ve s. représentant les poètes archaïques de Lesbos

Pièce d'argent d'Athènes, v.440 av. J.-C.

Confidences de femmes. Terre-cuite peinte, v.320 av. J.-C.

Tête de philosophe ; peut-être s'agit-il de Bion

Hérodote, Euripide, Socrate, Hippocrate, Thucydide, Aristophane
Platon, Aristote, Epicure,

Théocrite, Euclide, Archimède

Création de la bibliothèque d'Alexandrie

Pausanias

Darius franchit l'Hellespont et envahit la Grèce

Alexandre conquiert l'Asie Mineure, l'Egypte et la Perse
Partage de l'Empire ; dynasties ptolémaïque et séleucide
Les Gaulois s'établissent en Galatie
Fondation de l'empire parthe

Rome défait Antiochos de Syrie
Pergame devient une province romaine
L'Egypte devient une province romaine

Fondation de l'empire sassanide en Perse
Les Romains relèvent Byzance (Constantinople)

Premiere Partie

Histoire de la Grece

Un jeune pêcheur.
Les coquillages,
les poissons volants et les pieuvres
inspirèrent les artistes de Théra.

L'amphithéâtre de Dodone,
construit en 297-272 av. J.-C.,
pouvait accueillir douze mille spectateurs.

MINOENS ET MYCÉNIENS

La première grande civilisation du monde égéen fut celle des Minoens, sur l'île de Crète, qui connut son apogée entre 2200 et 1450 av. J.-C. Elle était dirigée par des "prêtres-rois" résidant dans d'immenses palais (comme celui de Cnossos) et qui portaient sans doute le titre de "Minos". Plus tard, l'Antiquité fit de Minos un roi légendaire, fils de Zeus et d'Europe. La civilisation minoenne semble avoir été pacifique. Sa prospérité provenait de l'agriculture sur les riches terres de Crète et du commerce avec la Syrie, l'Egypte et le continent grec.

Les royaumes mycéniens

Aux environs de 1450 av. J.-C., la Crète tomba aux mains d'un peuple de langue hellène, les Achéens. Des fouilles archéologiques effectuées à Cnossos ont permis de retrouver des tablettes d'argile couvertes d'une écriture très complexe, connue sous le nom de linéaire B. De nombreuses tablettes du même type, découvertes sur le continent grec, indiquent ce que contenaient les entrepôts des palais et la façon dont étaient distribuées les richesses.

Les plus connus des palais du continent sont ceux de Mycènes et de Pylos. Entre 1600 et 1150 av. J.-C., la Grèce était sans doute divisée en plusieurs petits royaumes indépendants, qu'on qualifie parfois d'"achéens", parfois de "mycéniens". Leurs artistes et artisans empruntèrent de nombreux styles et techniques à la civilisation minoenne ; la société mycénienne était cependant beaucoup plus belliqueuse. Juchés sur leur char, les rois-soldats menaient leurs troupes à la bataille. Ils chassaient aussi le lion et le sanglier.

Les Achéens étaient de grands bâtisseurs, qui utilisèrent d'énormes pierres pour construire des murailles et d'immenses sépultures souterraines pour leurs souverains. Plus tard, les Grecs, qui ne pouvaient comprendre comment ces pierres avaient été déplacées et soulevées, attribuèrent les murs de Mycènes à des géants.

Le commerce extérieur

La richesse de la Grèce mycénienne reposait non seulement sur l'agriculture et l'artisanat, mais aussi sur le commerce avec des terres lointaines. Le papyrus, ancêtre du papier, était importé d'Egypte ; l'ambre provenait des côtes de la mer Baltique, au nord de l'Europe. ■

Galerie en pierre de la forteresse de Tyrinthe, qui fut bâtie entre Mycènes et la côte, sans doute pour défendre la cité contre les attaques d'envahisseurs venus de la mer.

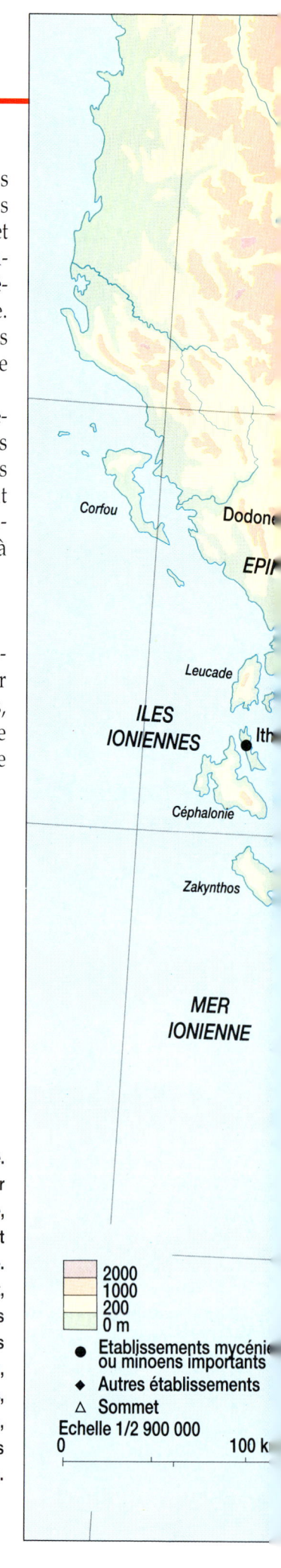

La mer Egée à l'âge du bronze. La Crète, au sud, fut le foyer de la civilisation minoenne, que les Grecs du continent copièrent après avoir conquis l'île. Mycènes, dans le sud du continent, a laissé les ruines les plus spectaculaires du IIe millénaire av. J.-C. (v. 1300), mais de nombreuses cités grecques, telles Pylos, Sparte ou Glâ, étaient peut-être indépendantes du riche royaume de Mycènes.

LES TEMPS OBSCURS

Entre 1200 et 1150 av. J.-C., le monde achéen se trouva en butte aux attaques d'ennemis venus du nord, les Doriens, sur lesquels nous savons très peu de choses. Une tablette écrite en linéaire B retrouvée à Pylos rapporte que des sentinelles étaient placées sur la côte, de sorte que l'on peut supposer que leurs assaillants venaient de la mer. Les formidables remparts de Mycènes avaient sans doute été édifiés pour impressionner et repousser ces ennemis. Ce signe apparent de force traduisait en réalité l'affaiblissement de Mycènes : au faîte de sa puissance, la cité n'avait nul besoin d'une telle protection. Mycènes, Pylos et d'autres palais furent pris d'assaut et incendiés. Jamais ils ne devaient retrouver l'influence qui avait été la leur.

Après la chute des palais mycéniens, la Grèce connut un âge des ténèbres. On sait peu de choses de ces temps difficiles, sinon que la construction de somptueux édifices fut arrêtée et que les délicates réalisations artistiques disparurent. L'écriture elle-même cessa d'être employée. Le commerce entra dans une phase de crise, les villages se replièrent sur eux-mêmes. Pourtant, les Grecs de cette époque surent se souvenir de nombreux aspects de la glorieuse civilisation mycénienne qu'ils préservèrent sous la forme de longs récits en vers. Deux récits traversèrent les

Principaux sites de la Grèce des temps obscurs. La côte occidentale de l'Asie mineure était en voie de colonisation. Certains signes de vie subsistaient dans les grands centres mycéniens comme Tirynthe, Sparte et Mycènes elle-même. A cette époque, les poteries à motifs géométriques étaient fabriquées dans toute la Grèce.

L'Iliade et *l'Odyssée* mentionnent certains détails de la civilisation mycénienne, tels la finesse du travail des métaux et l'emploi de hauts boucliers. Cette lame de poignard représente une chasse au lion.

siècles, transmis oralement durant des générations jusqu'à prendre leur forme définitive au VIIIe siècle av. J.-C. : il s'agit de *l'Iliade* et de *l'Odyssée*.

L'ère des poètes

A l'origine de ces deux épopées se trouve la ville de Troie. Les Mycéniens l'avaient probablement assiégée au XIIIe siècle av. J.-C., lors d'une expédition militaire menée pour s'emparer du détroit des Dardanelles, qui sépare l'Europe de l'Asie. *L'Iliade* évoque cette guerre menée contre Troie par les armées venues de Mycènes, de Pylos et d'autres cités. L'image que donne le poème des armes et des techniques de combat mycéniennes est sans doute proche de la réalité.

L'Iliade rapporte les combats singuliers qui opposent de nobles guerriers tels Ulysse, Diomède, Achille, Ajax et Ménélas aux chefs ennemis. Ils se servent de hauts boucliers, affrontent leurs adversaires en lançant leurs javelots, et se déplacent en char. Ceci est fort différent des méthodes de combat sur terre de l'époque classique, plus tardive : les soldats marchaient alors en longues files relativement disciplinées et portaient des boucliers ronds. Ils étaient munis de lances qu'ils gardaient en main pour transpercer l'ennemi. Les découvertes archéologiques ont permis de démontrer que les nobles mycéniens utilisaient effectivement des chars et que leurs troupes étaient armées d'une façon très voisine de celle décrite par *l'Iliade*.

Les peuples des temps obscurs qui écoutaient les récits de la guerre de Troie n'étaient pas nécessairement belliqueux. Dans *l'Iliade*, les combats sont volontiers opposés à des scènes d'une paisible vie pastorale. Il semble que les bergers et les pêcheurs étaient des personnages plus familiers que les soldats. Ainsi, *l'Iliade* renseigne non seulement sur le monde mycénien, mais aussi sur la vie quotidienne des temps obscurs qui devaient lui succéder. ∎

Le Siege de Troie

A la pointe nord-ouest de l'Asie Mineure se trouvait la forteresse de Troie. Historiens et archéologues pensent qu'elle fut attaquée vers 1200 av. J.-C. Le grand nombre de récipients de stockage découverts dans les ruines de la cité permet de supposer que ses habitants s'étaient préparés à un siège. Sans doute s'agit-il de la guerre qui servit de trame à *l'Iliade*, long poème relatant un épisode d'un siège de Troie (*Ilion* en grec). *L'Iliade* rapporte peut-être des détails véridiques, mais ce récit est avant tout une oeuvre épique pleine de vie.

Hélène de Troie

L'Iliade et *l'Odyssée* évoquent la reine Hélène : célèbre pour sa beauté, elle était plus intelligente et volontaire que son époux, le roi Ménélas de Sparte. Elle s'enfuit avec un amant, Pâris, qui l'emmena à Troie. Pour ne pas perdre son autorité sur ses sujets, Ménélas se devait de faire preuve de virilité et ramener la fugitive. Aidé de son puissant frère, le roi de Mycènes Agamemnon, il mit sur pied une grande armée, une formidable flotte et lança son expédition.

Agamemnon et Achille

Pendant dix années, les forces des deux frères assiégèrent vainement Troie. *L'Iliade* raconte comment Agamemnon commit l'erreur d'insulter son meilleur guerrier, Achille, en lui enlevant sa captive Briséis. Achille refusa alors de combattre et se retira sous sa tente. Sous le commandement du prince Hector, les Troyens en profitèrent pour infliger de terribles pertes aux assiégeants et tuer Patrocle, compagnon d'Achille. Furieux, Achille reprit les armes, tua Hector, attacha son cadavre à un char et fit triomphalement le tour des remparts de Troie. Aucun Troyen n'osa tenter d'arrêter le héros.

Reconstitution de la forteresse de Troie. Des fouilles ont permis de retrouver les vestiges d'une cité fortifiée datant de la fin de l'âge du bronze.

Cette décoration d'un pot en terre cuite, datant d'environ 675 av. J.-C. représente le cheval de Troie. Les hommes tapis à l'intérieur de l'animal tendent des armes à leurs compagnons.

Scènes du récit de la guerre de Troie.
1. Briséis, qui jette un dernier regard à Achille, est emmenée par les hommes d'Agamemnon.
2. Hector tue le compagnon d'Achille, Patrocle.
3. Achille traîne le cadavre d'Hector autour des murs de Troie.
4. Le vieux roi Priam, père d'Hector, supplie Achille de lui rendre le corps de son fils.
5. Ajax, guerrier grec qui, à la mort d'Achille, disputa les armes du héros à Ulysse et fut vaincu, se donne la mort.

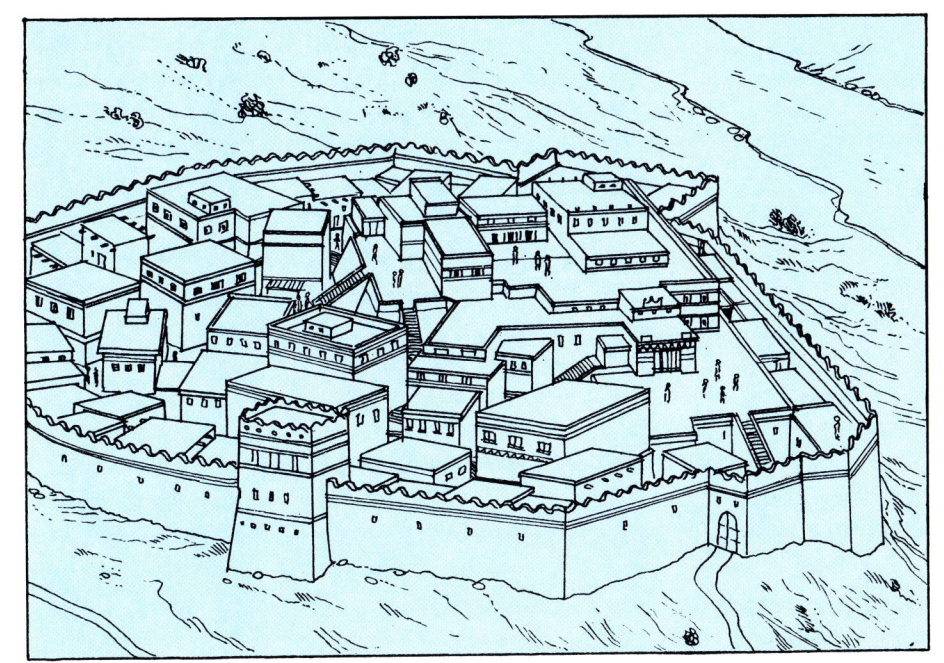

Le cheval de Troie

Lors du dernier épisode du siège (qui n'est pas décrit dans *l'Iliade*), Achille fut tué d'une flèche au talon - seule partie vulnérable de son corps qui était protégé par un charme. Troie fut cependant prise grâce à un stratagème. Les assaillants firent mine de repartir en laissant derrière eux un gigantesque cheval de bois. Rongés de curiosité, les Troyens traînèrent ce trophée dans leur ville, et découvrirent trop tard qu'il était creux et rempli d'ennemis. Les portes de la forteresse furent ouvertes et l'armée d'Agamemnon se rua à l'intérieur. La reine Hélène fut capturée.

Quelle allait être la punition infligée par Ménélas à celle qui l'avait humilié et provoqué une guerre sanglante ? Il tira son épée, puis la jeta à terre, troublé par la beauté de son épouse. Hélène redevint reine de Sparte. Avec beaucoup de grâce, elle se dit désolée des ennuis qu'elle avait causés ! ■

Aristocrates et Poètes

Au sortir des temps obscurs, à partir du VIIIe siècle av. J.-C., l'histoire grecque reprit ses couleurs. La Grèce était divisée en de nombreuses communautés indépendantes qui, pour la plupart, étaient gouvernées par un petit groupe d'hommes fortunés, propriétaires des meilleures terres. A leur mort, ces dirigeants étaient remplacés par leurs fils. Ils sont aujourd'hui désignés sous le nom d'aristocrates, mais les Grecs les appelaient de diverses manières : "les meilleurs" (sens du mot grec *aristoi*), "les partageurs de terres" ou "les éleveurs de chevaux".

Richesse et chevaux

Le cheval symbolisait la puissance et la richesse des aristocrates, qui donnaient volontiers à leurs fils des noms évoquant les chevaux (le mot grec signifiant cheval était *hippos*). Ainsi, le père de Périclès était-il le riche Xanthippos ("Cheval roux"). Le prédécesseur d'Alexandre le Grand était le roi Philippe ("Celui qui aime les chevaux"). Seuls les riches pouvaient posséder de bonnes montures. Le jeune aristocrate montrait à tous son cheval en participant à des processions religieuses. Plus tard, il pouvait s'adonner à des courses. A sa mort, ses chevaux prenaient part à son cortège funèbre.

Vin et poésie

Les aristocrates de la Grèce archaïque étaient célèbres pour leur amour du vin. S'enivrer était une marque de prospérité : sans doute les pauvres ne pouvaient-ils acheter beaucoup de vin ; une chose est certaine, il leur était impossible de manquer un jour de travail pour cause de lendemains de beuverie difficiles. Le banquet au cours duquel on s'adonnait à la boisson était appelé *symposion*. De belles esclaves, les hétaïres, divertissaient les convives et la réception s'achevait

Les sites importants de l'âge des aristocrates. Le poète Hésiode, qui vivait dans le village d'Ascra écrivit que l'existence y était "dure en été, plus dure encore en hiver et jamais vraiment facile". Pindare, poète du Ve siècle, composait au contraire des odes à la gloire des aristocrates et de leurs terres. En légende figure une liste des grands poètes grecs et de leurs villes d'origine.

Un poète déclame ses vers en s'accompagnant à la lyre. Les convives sont tous des hommes : la guerre et les exploits virils constituaient les thèmes favoris des poètes et de leurs auditeurs. Nombre des poètes qui participèrent à la création de *l'Iliade* et de *l'Odyssée* chantaient dans des fêtes telles que celle-ci. Ces deux grands poèmes, qui mettent en scène de nobles et héroïques personnages, flattaient les riches aristocrates. Dans *l'Iliade*, Thersite, qui critique les aristocrates, est dépeint comme un personnage lâche et ridicule.

Ce grand vase du début du VIe siècle av. J.-C. représente certaines des activités favorites des aristocrates, comme la chasse au sanglier. On remarque des chevaux au galop lors d'une course de chars et au pas lors d'une procession.

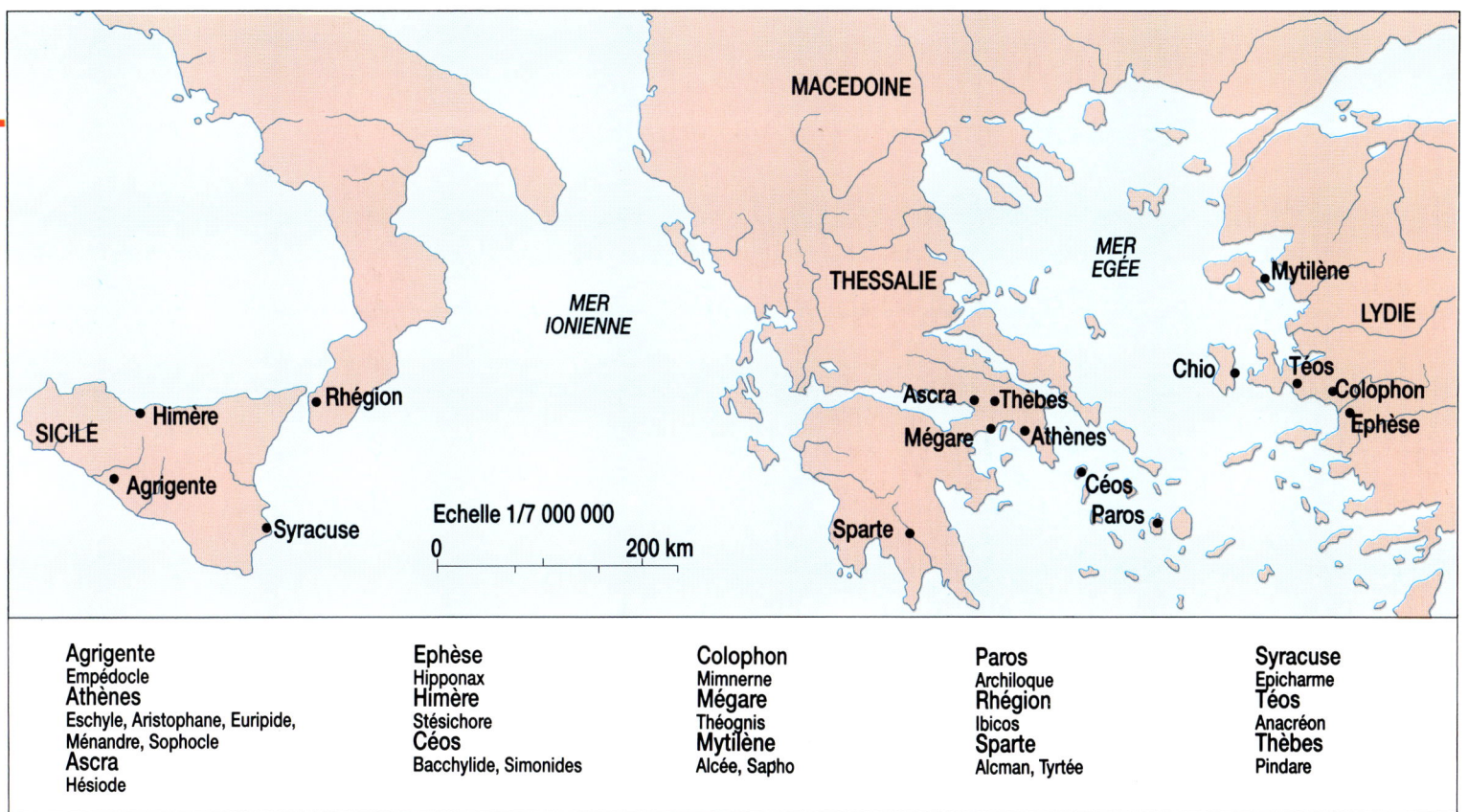

Agrigente Empédocle **Athènes** Eschyle, Aristophane, Euripide, Ménandre, Sophocle **Ascra** Hésiode	**Ephèse** Hipponax **Himère** Stésichore **Céos** Bacchylide, Simonides	**Colophon** Mimnerne **Mégare** Théognis **Mytilène** Alcée, Sapho	**Paros** Archiloque **Rhégion** Ibicos **Sparte** Alcman, Tyrtée	**Syracuse** Epicharme **Téos** Anacréon **Thèbes** Pindare

souvent en orgie. Certains des participants se comportaient toutefois de manière plus sobre : au cours de ces banquets, l'un de leurs exercices favoris consistait à improviser des poèmes.

Des poètes professionnels divertissaient également les aristocrates. D'habiles flatteurs tels Pindare, poète thébain de la période classique, s'attiraient les faveurs de leurs riches hôtes en composant d'élégantes odes en leur honneur ou en celui de leurs ancêtres, auxquels ils attribuaient une ascendance divine.

La puissance des aristocrates

La richesse des aristocrates avait pour source le labeur quotidien de pauvres paysans, artisans et esclaves. De telles fortunes éveillaient le ressentiment de nombreux Grecs : au VIIIe siècle av. J.-C., le poète Hésiode regrettait que lorsqu'une querelle opposait un pauvre à un riche, ce dernier obtienne souvent gain de cause en soudoyant le juge.

Au VIIe siècle, la puissance des hommes les plus fortunés déclina. Une nouvelle forme de guerre avait été mise au point qui employait des fantassins lourdement armés combattant en lignes hérissées de lances et protégées par des murs de boucliers. Ces *hoplites* étaient à même de vaincre la cavalerie des aristocrates : ayant pris conscience de leur importance nouvelle, ils se dressèrent contre les maîtres qui commencèrent à perdre de leur pouvoir. Ce dont profitèrent des autocrates, les tyrans, pour écraser l'aristocratie en saisissant ses terres. ■

La Colonisation

Les colonies grecques étaient disséminées de la mer Noire et de l'Asie Mineure à l'est, jusqu'à l'Italie, la Sicile et le sud de l'Espagne à l'ouest. Il existait également quelques établissements sur les côtes d'Afrique du Nord. Pourtant, ces colonies ne formèrent jamais un grand empire. Les colons restaient généralement près des côtes : les Grecs ne se sentaient à l'aise que près de la mer, commerçant sur terre avec leurs voisins étrangers et par mer avec les autres colonies grecques.

Une question de survie

Les colons quittaient rarement la Grèce dans l'intention de conquérir de vastes territoires, mais pour échapper à la misère : vers 750 av. J.-C., le poète Hésiode écrivait de son propre père, qu'il était parti sur les mers pour fuir "une atroce pauvreté". Pays montagneux aux sols pauvres, la Grèce ne pouvait guère produire de ressources alimentaires : selon l'expression d'Hésiode, "la faim aux yeux brillants" était pour de nombreux Grecs une menace constante. Ainsi racontait-on comment des habitants de la petite île de Théra étaient partis pour l'Afrique dans l'espoir d'y fonder une colonie. Leur première tentative ayant échoué, ils revinrent vers Théra, mais leur propre peuple refusa de les accueillir : on leur jeta des pierres et les malheureux ne purent débarquer.

La création d'une nouvelle colonie s'accompagnait de nombreux dangers. Le voyage en mer était fort long ; une fois sur place, les peuplades qui vivaient à proximité pouvaient se sentir menacées et attaquer les nouveaux arrivants. Vers 460 av. J.-C., les Athéniens envoyèrent une dizaine de milliers d'hommes fonder une colonie au nord de la mer Egée. Cette troupe fut anéantie par les autochtones.

La prolifération des colonies

La colonisation s'effectua en vagues successives. Après la chute de Mycènes (XIIe siècle), des Grecs du continent partirent vers l'est pour s'établir sur la côte occidentale et dans les îles de l'Asie Mineure. Du VIIIe au VIe siècle av. J.-C., un mouvement se produisit vers le nord et vers l'ouest. Milet, qui était elle-même une colonie d'Asie Mineure, essaima des dizaines de petits établissements sur les rivages de la mer Noire. A l'ouest, Corinthe fonda Kerkyra (Corfou) et Syracuse. Si nombreuses furent les colonies grecques fondées en Sicile et dans le sud de l'Italie que cette région fut souvent appelée *Magna Graecia*, "la Grande-Grèce". ∎

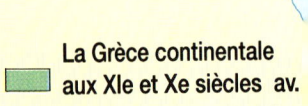

La Grèce continentale aux XIe et Xe siècles av.
Les colonies grecques du XIe a
- XIe-Xe siècle
- IXe s.
- VIIIe s.
- VIIe s.
- VIe s.
- Ve s.
- Colonie dorienne
- Colonie ionienne
- Colonie éolienne
- Colonie achéenne
- Colonie achéo-trézénien
- Colonie grecque oriental
- Colonie athénienne
- Comptoir grec

Le monde grec s'étendait bien au-delà de la Grèce proprement dite.
Les colons d'Espagne, de Gaule, de Sicile, d'Italie, d'Afrique, d'Asie Mineure et des bords de la mer Noire étaient tous considérés comme de vrais Grecs, et à ce titre autorisés à participer aux jeux Olympiques.

La colonisation grecque, du Xe au Ve siècle av. J.-C.

■ v. 1050-950 Colonisation de l'Asie Mineure occidentale à partir de la Grèce continentale. ■ Fin du VIIIe s. Premières colonies grecques en Occident : Naxos, Syracuse, Catane en Sicile et Sybaris, Taras et Crotone dans le sud de l'Italie. ■ Milieu du VIIe s. Mégare fonde Byzance, parfaitement située pour contrôler l'accès à la mer Noire. ■ v. 630 Théra fonde Cyrène en Afrique du Nord. ■ Milieu VIIe - début VIe s. Milet essaime des colonies sur les rives de la mer Noire. ■ Fin du VIIe s. Fondation de Naucratis, comptoir commercial grec en Egypte. ■ v. 600 Phocée (cité-Etat de l'ouest de l'Asie Mineure) fonde Massilia dans le sud de la Gaule. ■ v. 510 Crotone détruit Sybaris. ■ Milieu des années 460 Les Athéniens tentent de fonder une importante colonie à Ennea Hodoi, sur la côte nord de la mer Egée : cette expédition se solde par un désastre. ■ 440-430 Les Athéniens établissent des colonies au nord de la mer Egée.

L'Ère des Tyrans

Les colonies grecques de *Magna Græcia* (Sicile et Italie méridionale) atteignirent une puissance et une richesse telles qu'elles suscitèrent la jalousie de nombreux Grecs du continent.

La légendaire Sybaris

Ainsi enviait-on le luxe de Sybaris, au sud de l'Italie. On prétendait notamment que les Sybarites dormaient sur des lits de pétales de rose et que leur vin était si abondant que des canaux avaient dû être creusés pour l'acheminer. Les activités bruyantes comme la menuiserie y étaient interdites, afin que les citoyens puissent dormir paisiblement dans la journée, après avoir passé la nuit à s'enivrer.

De tels récits étaient exagérés, mais ils reflétaient néanmoins la richesse que les visiteurs pouvaient observer dans les villes de la Grande-Grèce. Sybaris fut détruite par sa rivale Crotone en 510 av. J.-C., mais il subsiste des vestiges de sa colonie Poséidonia (Paestum).

Gélon, tyran de Sicile

Agrigente (Akragas) a également conservé les ruines de superbes monuments. Comme d'autres villes de Sicile, Akragas était vers 500 av. J.-C. gouvernée par un *tyrannos*. Le plus célèbre de ces despotes était Gélon, tyran de Géla. Après avoir admiré le vaste port naturel de Syracuse, Gélon en fit sa capitale. Il déplaça vers ce site magnifique de nombreux habitants de Géla ainsi que les membres des classes les plus opulentes de Camarina et Mégara. Carthage, cité phénicienne d'Afrique du Nord, se sentit menacée par la puissance de Gélon et de ses alliés : elle tenta d'envahir la Sicile, mais fut écrasée par l'armée

Les colonies grecques de Sicile se trouvaient surtout sur la côte orientale de l'île, celle que les colons venus de Grèce atteignaient en premier. Syracuse draina la population et la puissance des cités voisines, et défit même une grande force d'invasion athénienne, en 413 av. J.-C.

Les tyrannies de la Grèce et de la Grande-Grèce, du VIIe au Ve siècle av. J.-C. L'ère des tyrans s'accompagna d'une grande prospérité, marquée par la construction de somptueux édifices et, à Athènes et Corinthe, par la fabrication de magnifiques poteries.

Teménos **Tyran et date de son règne**

Ce vase datant de l'ère des tyrans a été fabriqué à Athènes. Il représente des femmes remplissant des cruches d'eau à la fontaine.

De merveilleux temples furent bâtis à Poséidonia (Paestum), une colonie de Sybaris, elle-même colonie grecque du sud de l'Italie. Celui-ci date du milieu du Ve siècle av. J.-C.

du tyran en 480, à Himère. Les prisonniers carthaginois participèrent à la construction des grands temples d'Agrigente.

En Grèce, les tyrans se comportèrent très différemment, s'opposant fréquemment aux aristocrates et imposant par la force le partage des terres, une certaine redistribution des fortunes et l'abolition des dettes qui écrasaient les pauvres.

Cypselos, premier tyran de Corinthe, annihila la noblesse de sa cité. Pisistrate, tyran d'Athènes, contraignit de nombreux aristocrates athéniens à l'exil. Pittacos, tyran de Mytilène, combattit sans pitié l'ivrognerie des possédants. Quiconque commettait un délit en état d'ivresse se voyait infliger une double peine - l'une pour le délit et l'autre pour s'être enivré. ∎

SPARTE LA BELLIQUEUSE

Il était, dans le sud du Péloponnèse, une petite communauté étrange et quelque peu terrifiante qui avait pour nom Sparte. Sa puissance devait croître jusqu'au moment où la cité domina la majeure partie de la Grèce. Après avoir conquis les riches terres de Laconie, les Spartiates s'emparèrent de la Messénie voisine au VIIe siècle av. J.-C.

Les hilotes, esclaves de Sparte

Les peuples grecs de Laconie et de Messénie vaincus par les Spartiates furent réduits à l'état d'hilotes, les hommes étant forcés de travailler la terre et les femmes fabriquant des vêtements.

Traités comme des esclaves, les hilotes détestaient les Spartiates : on prétendait même qu'ils les auraient volontiers "dévorés tout crus". Leurs maîtres étaient parfaitement conscients de cet état d'esprit : les hilotes étant beaucoup plus nombreux qu'eux-mêmes, ils veillèrent à prévenir toute tentative de soulèvement. C'est pourquoi les riches citoyens de Sparte abandonnèrent leur existence voluptueuse pour mener la vie rude et disciplinée de guerriers toujours prêts à combattre.

Le célèbre cratère découvert en France, à Vix, fut sans doute fabriqué par un artiste spartiate au VIe siècle av. J.-C., avant que Sparte n'abandonne les arts autres que celui de la guerre. Ce vase (1m64 de haut) était probablement utilisé pour mélanger du vin et de l'eau. Autour du col de bronze, une frise représente un cortège de chars de guerre et de hoplites.

Depuis son royaume de Laconie, au sud du Péloponnèse, Sparte domina la majeure partie de la péninsule au VIe siècle av. J.-C.

L'armée spartiate

Pendant la journée, les Spartiates s'entraînaient à la guerre. Leurs hoplites (fantassins) apprenaient des manœuvres compliquées, dans le but de surprendre les ennemis sur le champ de bataille. Il était donc interdit aux étrangers d'assister à leurs exercices ; il était en revanche permis d'observer l'entraînement physique qui rendait les jeunes Spartiates forts et braves : c'était même l'un des moyens employés par Sparte pour impressionner ses ennemis potentiels. Souvent, les guerriers spartiates portaient les cheveux longs, ce qui les faisait paraître plus féroces.

La nuit, les Spartiates apprenaient à se déplacer sans torches. Ils savaient combien il était important d'attaquer un ennemi en état de faiblesse et surprenaient bien souvent l'adversaire dans son sommeil. Interdiction était sans doute faite aux hilotes de sortir la nuit, afin de les empêcher de comploter. Des groupes de jeunes Spartiates armés de poignards patrouillaient en silence dans le noir, en droit de tuer les hilotes qu'ils trouvaient dehors.

Sparte était protégée à l'est, au nord et à l'ouest par des montagnes. Le mont Taygète séparait la Laconie de la Messénie. Au premier plan s'étend la fertile plaine de Sparte.

Des hoplites spartiates observent le territoire ennemi. Avant de partir à l'attaque, leur chef vérifiait si les dieux approuvaient cette opération, en sacrifiant un bouc pour lire dans ses entrailles d'éventuels signes favorables ou contraires.

Une implacable domination

Si un Etat ennemi projetait d'envahir le territoire spartiate, les hilotes risquaient de se soulever pour aider l'envahisseur ; aussi Sparte se servit-elle de son armée pour installer dans le centre et le nord du Péloponnèse des gouvernements qui lui étaient favorables et la protégeraient plutôt que l'attaqueraient. Au milieu du VIe siècle av. J.-C., le gouvernement de Tégée promit de ne pas aider les hilotes évadés. Mais le puissant Etat d'Argos demeura l'ennemi de Sparte. En 494, le roi de Sparte Cléomène Ier défit une armée argienne, en utilisant le stratagème suivant : il savait que les Argiens pouvaient entendre les instructions qu'il lançait à ses propres troupes, aussi laissa-t-il son crieur annoncer aux soldats qu'il était l'heure du repas (non sans avoir auparavant et secrètement donné l'ordre aux guerriers spartiates de se tenir prêts à combattre). Les Argiens s'installèrent eux aussi pour prendre leur repas. C'est alors que l'armée de Cléomène passa à l'attaque. ■

L'ESSOR D'ATHENES

Durant la préhistoire, l'Attique comptait de nombreux petits villages indépendants. Beaucoup plus tard, au temps de la grandeur d'Athènes, la légende attribua au roi Thésée l'unification de toutes ces bourgades en un Etat unique qui avait pour capitale Athènes. Les citoyens de cet Etat, qui pour la plupart vivaient dans les campagnes, étaient tous désignés sous le nom d'Athéniens.

L'Acropole

Le noyau de cet Etat unifié était le grand rocher d'Athènes appelé Acropole ("ville haute"). Cette plate-forme commandait une vue magnifique sur les terres comme sur la mer et permettait de voir approcher les ennemis. Une forteresse fut construite sur l'Acropole, où l'on pouvait se réfugier en cas d'attaque. Si les assaillants tentaient d'escalader le rocher, ils constituaient une cible parfaite pour les flèches, les lances et les pierres jetées par les défenseurs. Autour d'Athènes, s'étendaient une vaste plaine à blé et des collines plantées d'oliviers.

Athènes aux VIe et Ve siècles av. J.-C.

- **v. 590** Une vive opposition entre riches et pauvres d'Athènes est résolue. La guerre civile évitée, Athènes est en mesure de s'étendre. Peu après, les Athéniens s'emparent de l'île de Salamine, jusqu'alors sous l'emprise de Mégare.
- **v. 546** Le tyran Pisistrate parvient, à la troisième tentative, à prendre le pouvoir à Athènes. Sous son influence, la ville s'embellit de magnifiques monuments.
- **v. 510** La tyrannie prend fin dans un bain de sang. Le fils de Pisistrate, Hippias, responsable de la mort de nombreux citoyens, est renversé.
- **508-507** Débuts d'une nouvelle forme de gouvernement : la *dêmokratia*, la souveraineté du peuple.
- **Fin des années 480**. Le grand gisement d'argent découvert dans les mines d'Athènes, à Laurion, permet aux Athéniens de financer la construction d'une flotte de vaisseaux de guerre.
- **480-479** La Perse envahit la Grèce avec une flotte et une armée gigantesques. Les Perses sont vaincus mais détruisent en grande partie Athènes.
- **A partir de 479** Les Athéniens entreprennent la construction d'une grande enceinte, tout autour de leur ville, et la fortification d'un nouveau port, le Pirée, qui deviendra très célèbre dans toute la Méditerranée.

Philosophe athénien, Socrate comptait beaucoup d'amis avec lesquels il débattait dans les rues, les gymnases et les banquets. Il irritait aussi par sa liberté d'esprit, ses principes moraux (*"Connais-toi toi-même"*) ou ses questions (*"Qu'est-ce que la vraie justice?"*). Accusé d'impiété et de corruption de la jeunesse, Socrate fut forcé d'avaler un breuvage empoisonné, en 399 av. J.-C.

L'Attique s'enrichit grâce à sa production d'huile d'olive. Athènes exploitait les mines d'argent du Laurion, d'où était extrait le métal servant à battre les monnaies. En conquérant les îles de Salamine (au début du VIe siècle av. J.-C.) et d'Egine (au milieu du Ve siècle), Athènes assura la sécurité de son commerce maritime, qui avait pour bases Phalère et Le Pirée.

Originaire de Macédoine, Aristote s'installa à Athènes pour y étudier la philosophie et la vie politique et religieuse.

Thucydide, riche général athénien écrivit une histoire de la guerre entre Athènes et Sparte.

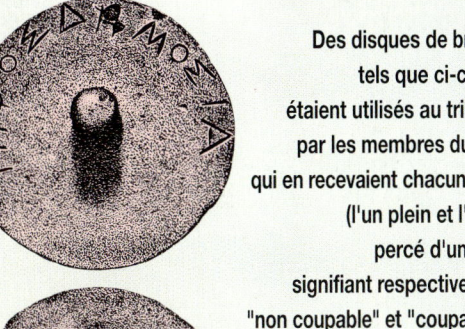

Ces tessons de poterie portent les noms d'importants hommes politiques athéniens : Aristide, Cimon et Thémistocle. Ils étaient utilisés par les citoyens comme "bulletins de vote", lorsqu'il fallait se prononcer sur un programme ou décider du bannissement ("ostracisme") d'un homme politique.

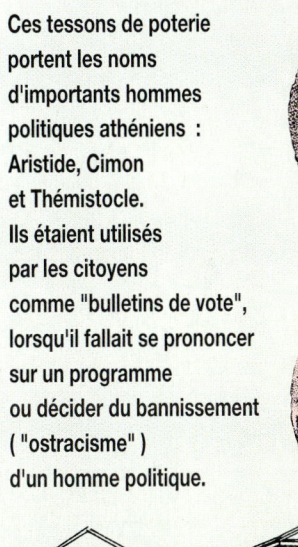

Des disques de bronze tels que ci-contre étaient utilisés au tribunal par les membres du jury, qui en recevaient chacun deux (l'un plein et l'autre percé d'un trou, signifiant respectivement "non coupable" et "coupable"). Au moment où il déposait son disque dans une urne, le juré en dissimulait le centre, afin que nul ne puisse savoir comment il avait voté.

L'invention de la démocratie

Dans chaque Etat grec, écrit Aristote, quelques individus très riches côtoyaient un grand nombre de pauvres. Ces deux groupes s'affrontaient parfois en de sanglantes guerres civiles. De nombreux Etats étaient affaiblis par ces querelles. L'une des raisons pour lesquelles Athènes et Sparte connurent une telle puissance est que ces deux cités parvinrent à éviter la *stasis* ("arrêt") provoquée par ces conflits internes.

Les riches propriétaires terriens de Sparte s'attaquèrent au problème avec dureté : ils traitaient leurs pauvres, les hilotes, comme des esclaves soumis par la terreur. Athènes se montra moins brutale : les pauvres y reçurent davantage de pouvoir et de liberté. Depuis les réformes de Solon (vers 590), les citoyens modestes contrôlaient même les principaux organes de décision, l'assemblée et les cours de justice. Ce système était désigné sous le nom de *dêmokratia* (*dêmos*, le peuple, et *kratos*, la puissance). Ainsi, la *dêmokratia* était-elle le "pouvoir du peuple".

Pourquoi les riches s'accommodèrent-ils de ce "pouvoir du peuple" inventé à Athènes ? Les hommes les plus fortunés, qui recevaient la meilleure éducation et apprenaient l'art de parler en public, étaient souvent capables de convaincre les foules. Pourtant, il n'y avait pas de gouvernement des élites.

"Faut-il faire la guerre ? Quels impôts devons-nous payer ? Doit-on dépenser l'argent de la cité pour construire des vaisseaux de guerre ou pour bâtir de nouveaux édifices ?" Les décisions importantes de ce genre étaient prises à la suite des votes de milliers de citoyens ordinaires réunis en assemblée sur la colline de la Pnyx, proche de l'Acropole. ■

Sous la Menace perse

Le monde hellénique était bordé à l'est par l'immense Empire perse, qui s'étendait des rivages de la mer Egée jusqu'en Inde, et de Russie en Egypte. Sa richesse et sa population dépassaient de beaucoup celles des Grecs.
Pendant des années, les colonies grecques d'Asie Mineure durent composer avec la domination de l'Empire perse. Mais en 499 av. J.-C., les Ioniens, sous la conduite de la cité de Milet, osèrent se soulever. Une force athénienne franchit la mer Egée pour se porter à leur aide. Les rebelles incendièrent Sardes, capitale lydienne où siégait un gouverneur perse, mais furent écrasés en 494. Par mesure de rétorsion, les Perses ravagèrent Milet ; les garçons furent mutilés, les jeunes filles vendues comme esclaves. Puis, le "roi des rois", Darius, entreprit de châtier Athènes.

La bataille de Marathon

En 490, une force d'invasion perse franchit la mer Egée et débarqua dans l'étroite plaine de Marathon,

La péninsule du mont Athos, dans le nord-est de la Grèce. De nombreux naufrages s'étant produits dans la région, vers 480 av. J.-C., les Perses y auraient percé un canal afin de faire passer leurs vaisseaux.

Les expéditions perses. Les envahisseurs de 490 débarquèrent dans la plaine de Marathon.
En 480, l'immense armée de Xerxès progressa le long des côtes d'Asie Mineure et de la Grèce continentale. L'Hellespont (détroit des Dardanelles) fut franchi grâce à un pont de bateaux.

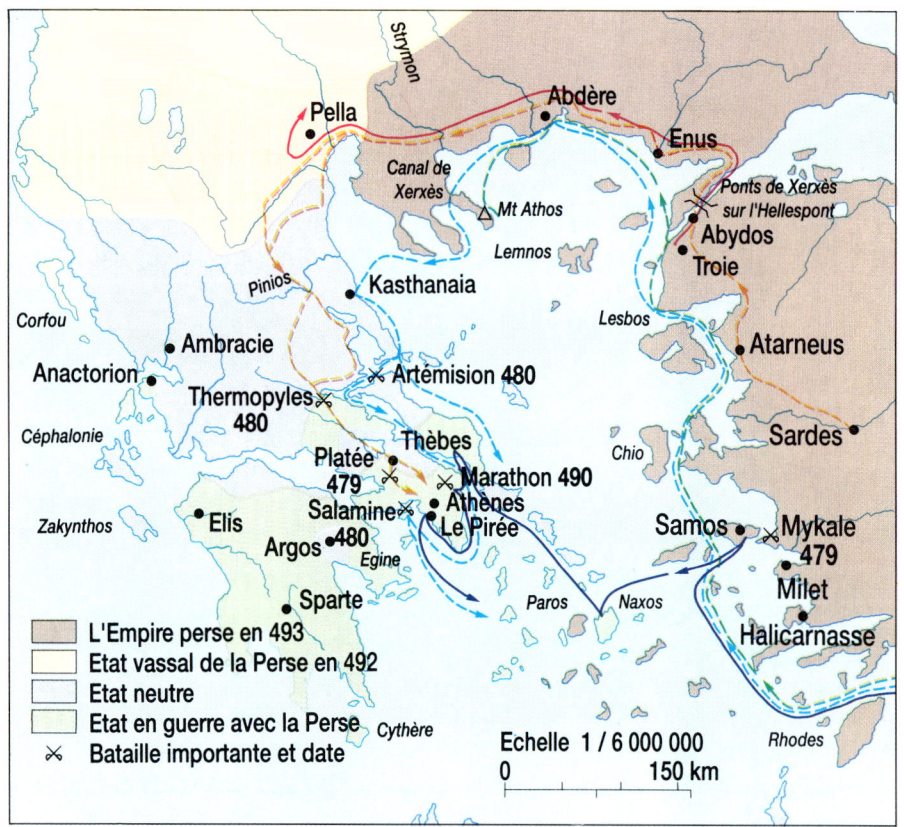

Un Grec coiffé d'un casque de métal affronte un combattant perse plus légèrement équipé. Les Grecs portaient souvent des jambières et un plastron.

La bataille de Salamine : la flotte perse va s'engager dans le détroit où l'attendent les Grecs.

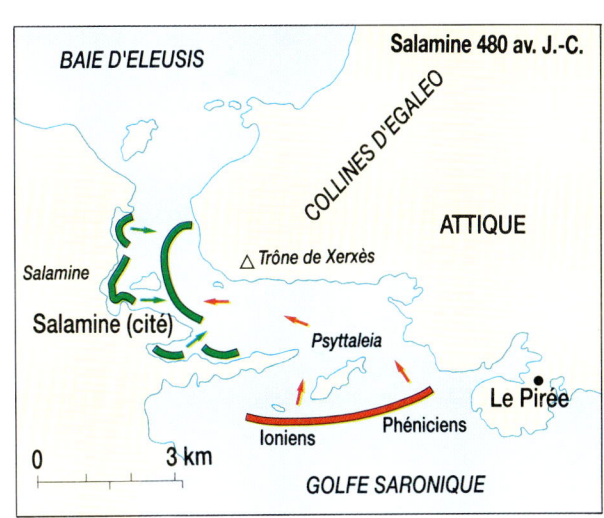

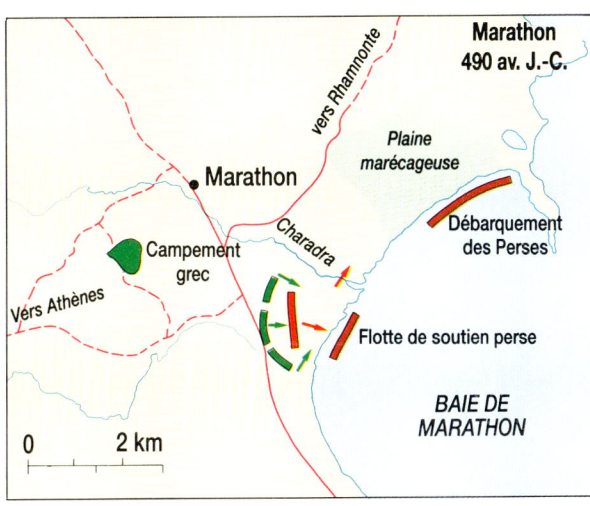

■ Forces grecques
■ Forces perses
— Route
-- Piste

Les Athéniens descendent des collines pour attaquer dans la plaine de Marathon les Perses venus de la mer.

près d'Athènes. Lors de la bataille qui s'ensuivit, les Athéniens firent la démonstration de la supériorité des hoplites pesamment armés sur les fantassins perses. Les envahisseurs défaits durent rebrousser chemin. Un messager alla en hâte porter à Athènes la nouvelle de la victoire : il serait mort d'épuisement à l'arrivée, après avoir parcouru plus de quarante kilomètres : le premier "marathon".

La grande invasion

Après cette humiliation, les Perses mirent sur pied un plan d'invasion pour en finir avec Athènes. En 480, des espions grecs capturés furent renvoyés chez eux avec un terrifiant message : les armées de Xerxès, fils de Darius, étaient si nombreuses que cela passait l'imagination. L'historien Hérodote calcula que ce corps expéditionnaire comptait plusieurs millions d'hommes, alors qu'Athènes et Sparte réunies ne pouvaient aligner qu'une cinquantaine de milliers de soldats. Les Grecs perçurent que le plus grand danger qui les menaçait était celui de l'encerclement, qui les empêcherait de manœuvrer et d'être ravitaillés. Ils décidèrent de bloquer le déploiement des Perses. Les Spartiates défendirent tout d'abord l'étroit défilé des Thermopyles, ainsi que le chenal d'Artemision, où une flotte tenta d'empêcher un débarquement perse sur les arrières de l'armée grecque. Un traître leur ayant indiqué un chemin dérobé, les Perses parvinrent néanmoins à prendre les défenseurs à revers : après avoir résisté pendant deux jours aux Thermopyles, les trois cents Spartiates menés par Léonidas furent tués jusqu'au dernier.

Les hommes de Xerxès s'emparèrent d'Athènes, mais trouvèrent une cité presque vide. Les guerriers athéniens avaient rejoint la flotte grecque à Salamine. Un message secret aurait été communiqué à Xerxès : *"Les Grecs se querellent - attaquez à Salamine et vous les vaincrez aisément."* Xerxès envoya sa flotte... qui tomba dans un traquenard. Au large de l'île, les lourds vaisseaux grecs écrasèrent les navires perses. Xerxès repartit pour l'Asie avec le gros de sa troupe. En 479, le reste de l'armée perse fut taillé en pièces à Platée. La grande invasion avait échoué. ■

La Guerre navale

C'est avec ses navires de guerre qu'Athènes défendait son avenir. Dans l'Antiquité comme aujourd'hui, de nombreux Grecs vivaient dans les îles de la mer Egée. Grâce à sa maîtrise des mers, Athènes décidait des mouvements de troupes entre ces îles. Les vaisseaux de guerre pouvaient aussi protéger les navires de commerce athéniens qui transportaient les denrées et les produits de luxe jusqu'au port du Pirée. Le vaisseau qu'Athènes utilisait avec autant d'efficacité était la trière, galère de bois longue d'environ 40 mètres et propulsée par quelque 170 rameurs répartis sur trois rangs superposés. A l'apogée de sa puissance, Athènes disposait d'environ trois cents trières. Ces vaisseaux n'embarquaient tout au plus qu'une trentaine de guerriers en armes. Dans ces conditions, comment pouvaient-ils remporter des batailles navales ?

Techniques de combat naval
La proue de chaque navire était prolongée par un long éperon de bois revêtu de bronze. Les trières s'efforçaient d'envoyer les vaisseaux adverses par le

Combat de trières. En éperonnant un navire ennemi, la trière envoyait par-dessus bord les membres de son équipage, qui périssaient noyés ou "harponnés" par les guerriers embarqués.

Comment les trois rangs de rameurs étaient-ils disposés, et comment parvenaient-ils à ramer ensemble ? Des années de recherches ont été nécessaires pour reconstituer une trière. Peint sur la proue, un "œil magique" favorisait les manœuvres et conjurait le mauvais sort.

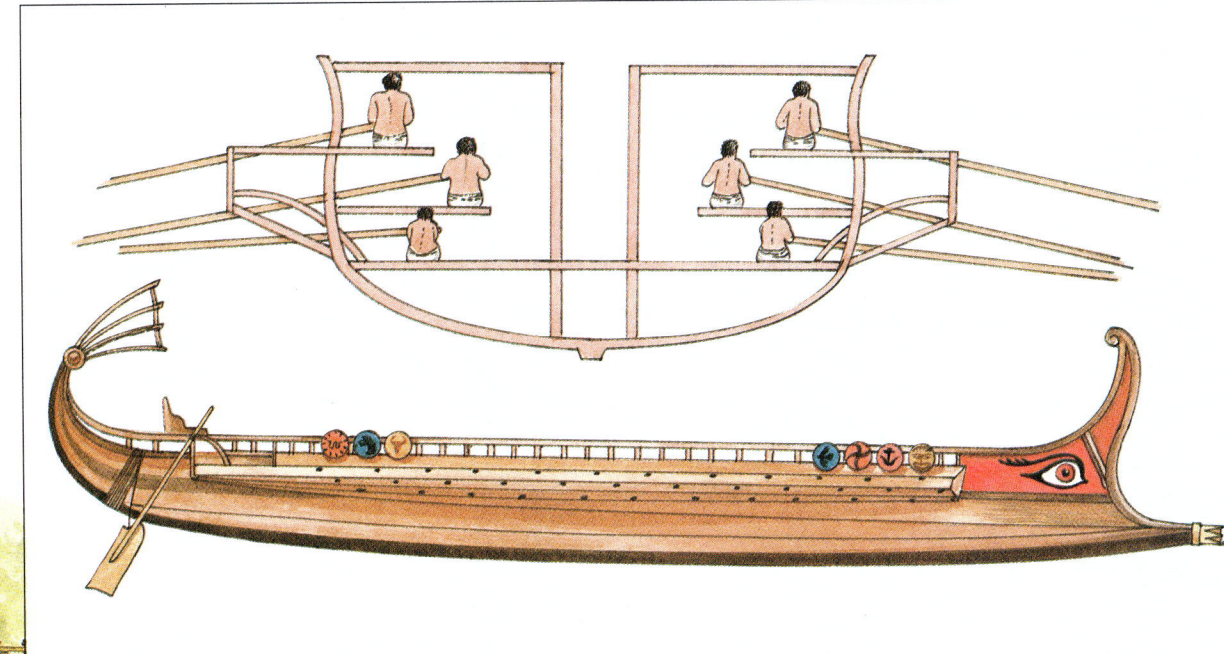

fond en les éperonnant dans leur partie la plus vulnérable, le flanc.
Lorsqu'il était ainsi heurté par une trière lancée à pleine vitesse, le navire ennemi éclatait littéralement avant de couler. La victoire dépendait de l'habileté des manœuvres et de la discipline générale. Par un entraînement et une pratique prolongés, les rameurs et timoniers athéniens devinrent experts dans ce type de combat naval.

Le sens tactique
Au milieu du Ve siècle, la supériorité des Athéniens était reconnue par leurs ennemis, qui ne tentèrent que rarement de leur opposer leurs propres trières. Grâce à leur rapidité de manœuvre, les Athéniens semblaient même pouvoir retourner à leur profit les situations les plus compromises. Ainsi, en 429, une petite flotte athénienne se trouva confrontée à une force beaucoup plus importante de vaisseaux de guerre péloponnésiens. Afin de n'être pas éperonnés par le milieu, ces derniers formèrent un cercle, proue vers l'extérieur. Sous les ordres de Phormion, les vaisseaux athéniens décrivirent des cercles autour de la formation ennemie, qui se resserra encore. Soudain, comme l'avait prévu Phormion, le vent se leva : leurs rames et leurs coques enchevêtrées, les Péloponnésiens furent impuissants à résister à la charge des Athéniens. ∎

Les Hoplites, Nerf de la Guerre

Le hoplite grec était le plus craint des soldats de son époque, dans les pays bordant la Méditerranée orientale. Du VIIe jusqu'au milieu du IVe siècle av. J.-C., aucune force étrangère ne sut comment s'opposer efficacement à lui. Fantassins armés d'une lourde lance, d'un court glaive et d'un bouclier rond fait de bois et de métal, les hoplites (du mot grec *hoplon*, arme) devaient payer eux-mêmes leur équipement. Si les plus riches portaient un plastron en cuir épais, des jambières et des bandes de métal protégeant les cuisses et l'aine, les plus pauvres combattaient sans doute à demi nus.

La phalange

En raison du poids de son équipement, le hoplite se déplaçait avec lenteur. Isolé, il constituait une cible facile pour des adversaires plus rapides, tels que cavaliers, archers et frondeurs. Un auteur grec écrivit que lorsqu'ils étaient désorganisés, "les hoplites ne valaient rien" : aussi portait-on l'effort sur la discipline et la méthode de combat. En formation serrée, les hoplites constituaient une phalange, plusieurs rangs de soldats combattant épaule contre épaule. Protégée par un mur de boucliers, la phalange était hérissée de lances. Comme les piquants d'un porc-épic, les multiples pointes acérées des lances étaient redoutables. La cavalerie elle-même ne pouvait charger un rang serré de hoplites, car le risque était grand que chaque cheval et chaque cavalier se trouvent immédiatement transpercés par plusieurs lances.

Le bouclier et le casque

Lorsque des unités adverses de hoplites s'affrontaient sur le champ de bataille, chacune d'elles essayait de rompre la cohésion de la phalange ennemie, pour ensuite se ruer dans la brèche et attaquer les fantassins sur leurs flancs et leurs arrières, beaucoup plus vulnérables. Pour échapper à ce sort, il était essentiel que le mur de boucliers demeurât continu. Pour plus de fermeté, chaque bouclier était soutenu de deux façons : le bras du soldat passait dans une sangle au centre du bouclier, et sa main tenait une poignée située près du bord. Le hoplite devait toutefois avoir la possibilité de regarder au-dessus de son bouclier, de sorte que sa tête et son cou devenaient les cibles principales des lances ennemies : c'est pourquoi le casque était primordial. ■

Lorsque des formations de hoplites s'affrontaient, chacun tentait de tuer l'ennemi en lui enfonçant la pointe de la lance dans le visage ou la gorge. Ces casques, de types et d'époques différents, étaient conçus pour protéger cette partie vulnérable du corps.

1. Corinthien (VIIe siècle)
2. Archaïque
3. Illyrien
4. Corinthien (VIe siècle)

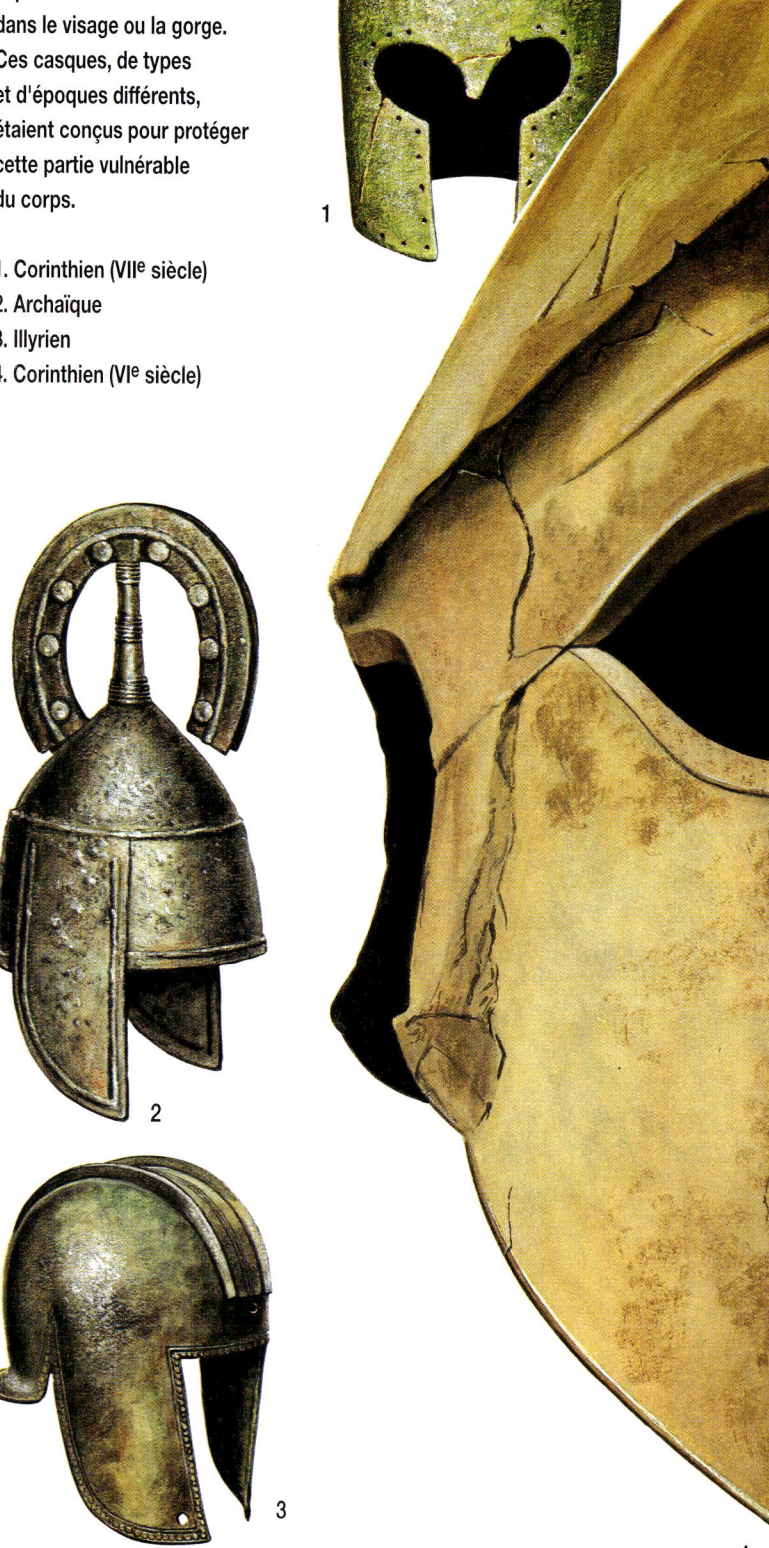

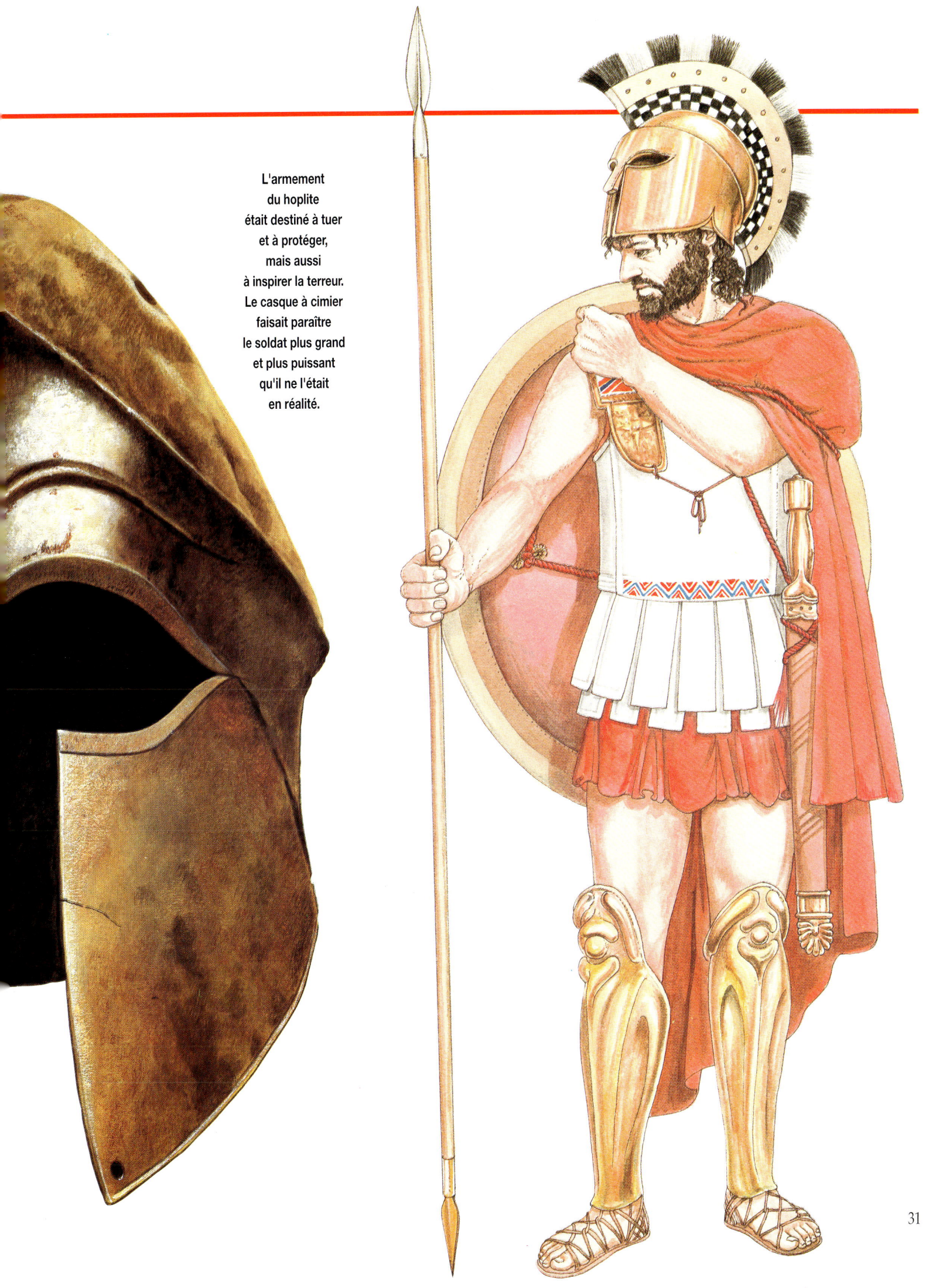

L'armement du hoplite était destiné à tuer et à protéger, mais aussi à inspirer la terreur. Le casque à cimier faisait paraître le soldat plus grand et plus puissant qu'il ne l'était en réalité.

Les Guerres du Péloponnèse

Après les défaites de Salamine et de Platée, les Perses repartirent en Asie. Les Grecs, bien que soulagés, ne purent relâcher leur effort : les Perses étaient susceptibles de revenir. Aussi décidèrent-ils de passer aussitôt à l'offensive contre un ennemi affaibli. Salamine avait apporté la démonstration que la flotte athénienne était la meilleure de Grèce, et une flotte était nécessaire pour attaquer les côtes contrôlées par les Perses. En outre, Athènes souhaitait ardemment poursuivre la lutte, cependant que les Spartiates étaient désireux de rentrer chez eux : les Grecs orientaux se placèrent donc sous l'autorité d'Athènes.
A partir de 477 av. J.-C., les alliés d'Athènes constituèrent un trésor déposé dans l'île de Délos, afin de financer la poursuite de la guerre. Athènes exerça un contrôle croissant sur la façon dont était utilisé ce trésor commun et finit par l'emporter chez elle. Bon gré mal gré, les Alliés durent continuer de payer leur tribut. La ligue de Délos s'était muée en un Empire athénien et les fonds versés par les alliés, loin de servir à la guerre, furent employés à la construction de magnifiques édifices que l'on peut encore admirer.

La guerre contre Sparte

Les Spartiates s'inquiétaient de cette puissance nouvelle d'Athènes, qu'ils craignaient de voir dirigée contre eux. Sparte attendit patiemment le premier signe de faiblesse d'Athènes, puis elle frappa. A partir de 465 et pendant soixante ans, chaque fois qu'Athènes paraissait vulnérable Sparte passa à l'offensive. Ces conflits intermittents, contés par l'historien Thucydide, sont désignés sous le nom de Guerre du Péloponnèse.
Au début des années 450, de nombreuses troupes athéniennes combattaient les Perses en Egypte. Sparte en profita pour vaincre les Athéniens à la bataille de Tanagra, mais ne put s'emparer d'Athènes même. En 431, la cité fut de nouveau rendue vulnérable par un soulèvement de ses alliés : Sparte envahit l'Attique et incendia les récoltes, sous les yeux d'Athéniens impuissants, retranchés dans leurs murs et qui brûlaient de sortir pour combattre : c'était précisément ce que souhaitaient les Spartiates, dont les hoplites étaient supérieurs à ceux d'Athènes. Sous l'intelligente conduite de Périclès, les Athéniens ne s'opposèrent pas aux Spartiates dans une grande bataille terrestre. La force d'Athènes reposait sur sa flotte, et c'est grâce à elle que la cité se vengea par des raids contre le Péloponnèse.

Sparte s'allie à la Perse

En 413, Athènes perdit la moitié de ses vaisseaux dans une désastreuse tentative d'invasion de la Sicile. Sparte conclut alors une alliance avec la Perse et se bâtit rapidement une flotte. En 405, les liens maritimes qui permettaient à Athènes d'être ravitaillée en céréales furent coupés. L'Empire avait vécu : réduite à la famine, Athènes dut capituler. ■

Les régions contrôlées par Athènes et Sparte à la fin du Ve siècle av. J.-C. Grâce à son armée, Sparte exerçait sa domination sur les Etats voisins. La flotte de guerre d'Athènes lui assurait la maîtrise des îles et des cités côtières plus lointaines. Cette flotte protégeait les approvisionnements d'Athènes en céréales, qui empruntaient la mer Noire et parvenaient en mer Egée par Byzance.

L'Empire athénien et ses guerres, 478-404 av. J.C.

■ **478-477** Les Etats grecs se joignent à Athènes pour former la ligue de Délos. Leur but est de combattre la Perse. ■ **v. 469** La ligue anéantit la flotte perse à Eurymédon, au sud-est de l'Asie Mineure. ■ **v. 460-455** Athènes échoue dans sa tentative pour s'emparer de l'Egypte. ■ **458 ou 457** Sparte bat Athènes à Tanagra mais n'en retire qu'un maigre avantage militaire. ■ **454-453** Le trésor de la ligue est emporté à Athènes. ■ **447** Le trésor finance la construction du Parthénon. ■ **431** Sparte engage la grande Guerre du Péloponnèse. ■ **413** Athènes perd une importante flotte en Sicile. ■ **405** La flotte des Spartiates bloque l'approvisionnement d'Athènes. ■ **404** Les Athéniens, affamés, se rendent.

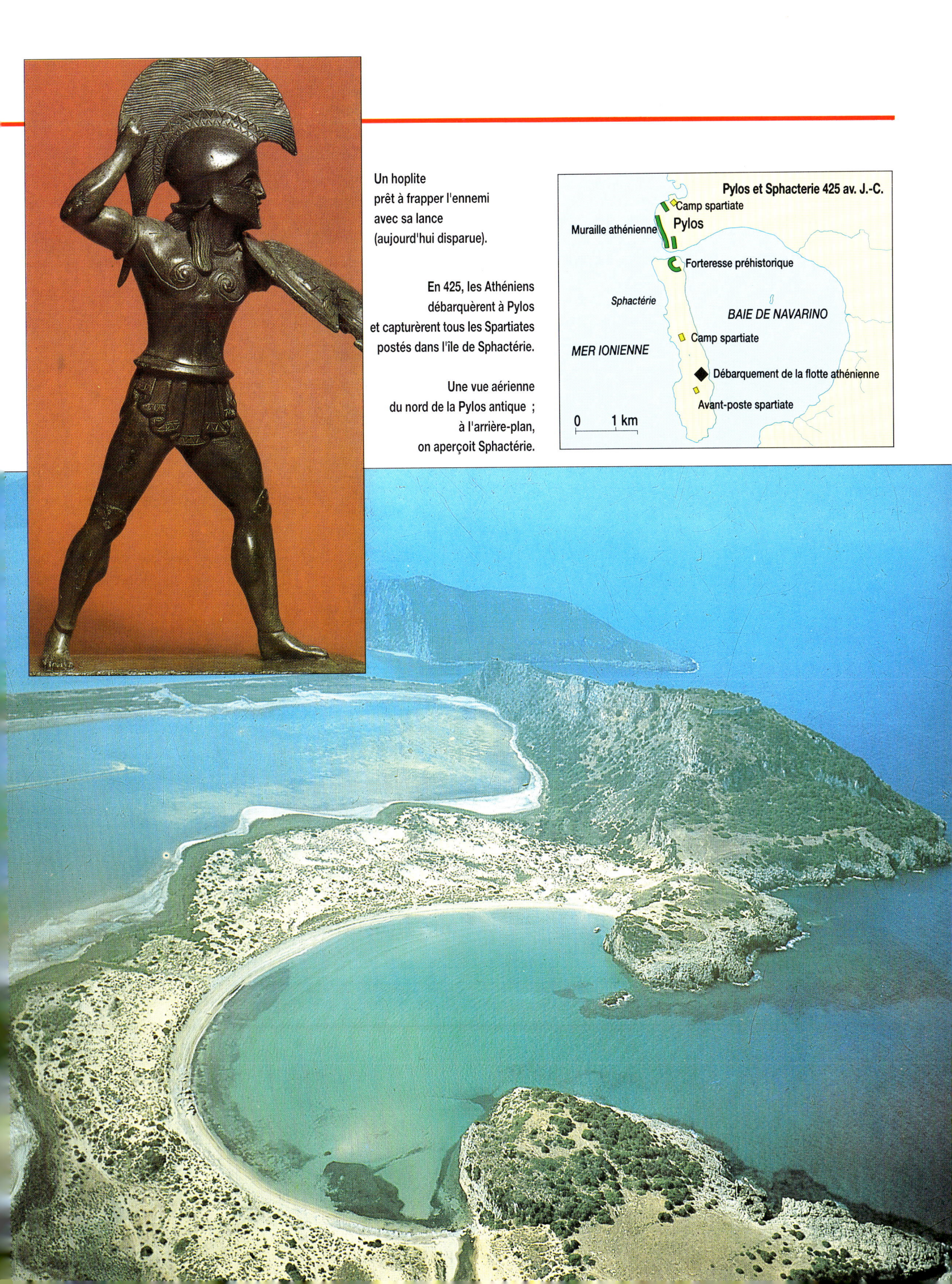

Un hoplite prêt à frapper l'ennemi avec sa lance (aujourd'hui disparue).

En 425, les Athéniens débarquèrent à Pylos et capturèrent tous les Spartiates postés dans l'île de Sphactérie.

Une vue aérienne du nord de la Pylos antique ; à l'arrière-plan, on aperçoit Sphactérie.

Pylos et Sphacterie 425 av. J.-C.
- Camp spartiate
- Muraille athénienne
- Pylos
- Forteresse préhistorique
- Sphactérie
- MER IONIENNE
- BAIE DE NAVARINO
- Camp spartiate
- Débarquement de la flotte athénienne
- Avant-poste spartiate

LE SIEGE DE PLATÉE

Platée, petite ville de Béotie, fut pendant longtemps l'alliée d'Athènes, ce qui plaçait ses habitants dans une situation dangereuse : en effet, la cité était voisine de Thèbes, traditionnelle ennemie d'Athènes. Les Thébains, qui exerçaient leur domination sur la Béotie, résolurent d'écraser Platée.

Echec d'une première attaque

En 431, Thèbes lança une attaque surprise contre Platée. A la faveur de la nuit, une troupe de Thébains s'introduisit dans la ville et tenta de s'en emparer ; mais lorsque ses habitants découvrirent des envahisseurs si peu nombreux, ils décidèrent de les combattre. Secrètement, et sans sortir dans les rues, ils se préparèrent à contre-attaquer (les habitants communiquaient entre eux en creusant les murs de brique crue pour se déplacer d'une maison à l'autre). Les Thébains ne purent résister à la contre-offensive : tandis que les hommes attaquaient les envahisseurs dans les rues, les femmes montèrent sur les toits et lancèrent des volées de pierres et de tuiles sur les Thébains, qui furent tous tués sur-le-champ ou après s'être rendus.

Thèbes attaque à nouveau

Cette humiliation ne fit que renforcer la haine de Thèbes pour Platée. Deux ans plus tard, en 429, les Thébains lancèrent une nouvelle offensive, avec un résultat fort différent. Thèbes bénéficiait cette fois du soutien de Sparte, cependant que Platée disposait d'une aide réduite d'Athènes. Les Spartiates mirent en action plus de dix mille hommes pour enlever Platée. Les défenseurs n'étaient que cinq cents, dont quatre-vingts Athéniens.

L'historien Thucydide a rapporté le siège de Platée avec un tel luxe de détails qu'il est possible de le reconstituer. Le mur n° 1 de cette illustration est celui qui fut finalement construit par les assiégeants pour prendre au piège les défenseurs de Platée. Sous le rempart principal des défenseurs (n° 2), on peut voir l'entrée du tunnel secret, invisible pour les assaillants. Le mur n° 3 est l'ouvrage défensif bâti par les assiégés afin de parer au danger représenté par le remblai de terre que les Thébains élevaient contre l'enceinte de la ville.

La résistance de Platée

La petite armée des défenseurs œuvra avec habileté et acharnement. Devant les murs de la ville, les assiégeants élevaient une rampe de terre, afin de pouvoir franchir l'enceinte et s'emparer de la cité. Les Platéens creusèrent un tunnel qui s'enfonçait sous le remblai. Tandis que les assaillants entassaient de la terre sur leur monticule, les défenseurs creusaient en-dessous et rapportaient la terre à l'intérieur de la ville : le remblai ne s'élevait guère !

Les Thébains tentèrent d'utiliser des machines de guerre et des béliers, mais les défenseurs lancèrent des cordes du haut du rempart, prirent les machines "au lasso", les halèrent sur les murailles et les brisèrent. Pour parer au risque de voir les assiégeants achever leur rampe et escalader les remparts, ils construisirent un nouveau mur en forme de croissant à l'intérieur de la muraille menacée. Si les Thébains parvenaient à s'emparer d'une partie de la muraille principale, il leur faudrait encore travailler pendant des mois pour élever une nouvelle rampe et pour escalader le mur intérieur.

La fin du siège

Les assiégeants tentèrent d'incendier la ville en y lançant des broussailles enflammées. Les défenseurs furent sauvés par la direction favorable du vent. Enfin, après trois ans de siège, les Thébains entourèrent Platée d'un mur de briques et interdirent tout ravitaillement. Certains défenseurs s'échappèrent en escaladant ce mur de nuit, à l'aide d'échelles. Victimes de la famine, les autres se rendirent en 427 av. J.-C. et furent massacrés jusqu'au dernier. Sparte donna la ville à Thèbes, qui la rasa. ∎

Les Monnaies grecques

La monnaie fit son apparition peu avant 600 av. J.-C. dans le royaume de Lydie, en Asie Mineure. Les Grecs reprirent rapidement cette idée et leurs cités-Etats frappèrent bientôt chacune leur propre monnaie, ce qui explique la grande diversité des pièces en circulation.

A quoi servait la monnaie ? Les premières pièces, faites d'or et d'argent, semblent avoir eu trop de valeur pour être utilisées dans les échanges commerciaux quotidiens. Peut-être servaient-elles à régler des dépenses importantes et régulières, notamment à payer les salaires des fonctionnaires. Par la suite, les monnaies de bronze, métal de moindre valeur, se répandirent et furent destinées à un usage quotidien. On sait par exemple que les Athéniens qui faisaient leurs achats les portaient parfois dans la bouche !

Les premiers faussaires

Les marques figurant sur les pièces constituaient une garantie quant à la quantité de métal qu'elles contenaient. Les motifs permettaient de savoir quelle cité avait frappé une monnaie. Pour les pièces de métal précieux - or ou argent - il existait un risque de voir des personnes peu scrupuleuses découper des morceaux de métal avant utilisation. Les marques officielles ou les dessins qui figuraient sur chaque face d'une monnaie permettaient de déterminer aisément si une pièce avait été rognée - et ce d'autant plus que le bord lui-même était surélevé. ■

Pièces frappées entre 600 et 170 av. J.-C.

Les légendes font référence à l'avers (à gauche) puis au revers des pièces. Sauf indications contraires, les pièces sont en argent.

1. **Samos v. 600.** Pièce très primitive, en électrum (alliage d'or et d'argent).
2. **Milet, v. 570.** Pièce en électrum ; l'avers représente un lion.
3. **Egine, v. 560.** L'avers représente une tortue.
4. **Lydie, v. 550.** Lieu de naissance de la monnaie.
5. **Corinthe, v. 520.** Pégase, cheval ailé mythique.
6. **Dicée, v. 520.** Représente Héraclès coiffé d'une tête de lion.
7. **Sybaris, v. 520.** Le taureau indique la richesse en bétail de cette cité.
8. **Rhégion, v. 390.** Tête de lion ; Apollon.
9. **Thourioi, v. 390.** Thourioi fut fondée par Athènes sur le territoire de Sybaris. On distingue Athéna et le taureau de Sybaris.
10. **Aspendos, v. 380.** Lutteurs ; frondeur.
11. **Syracuse, v. 485.** Char ; la nymphe Aréthuse, entourée de dauphins.

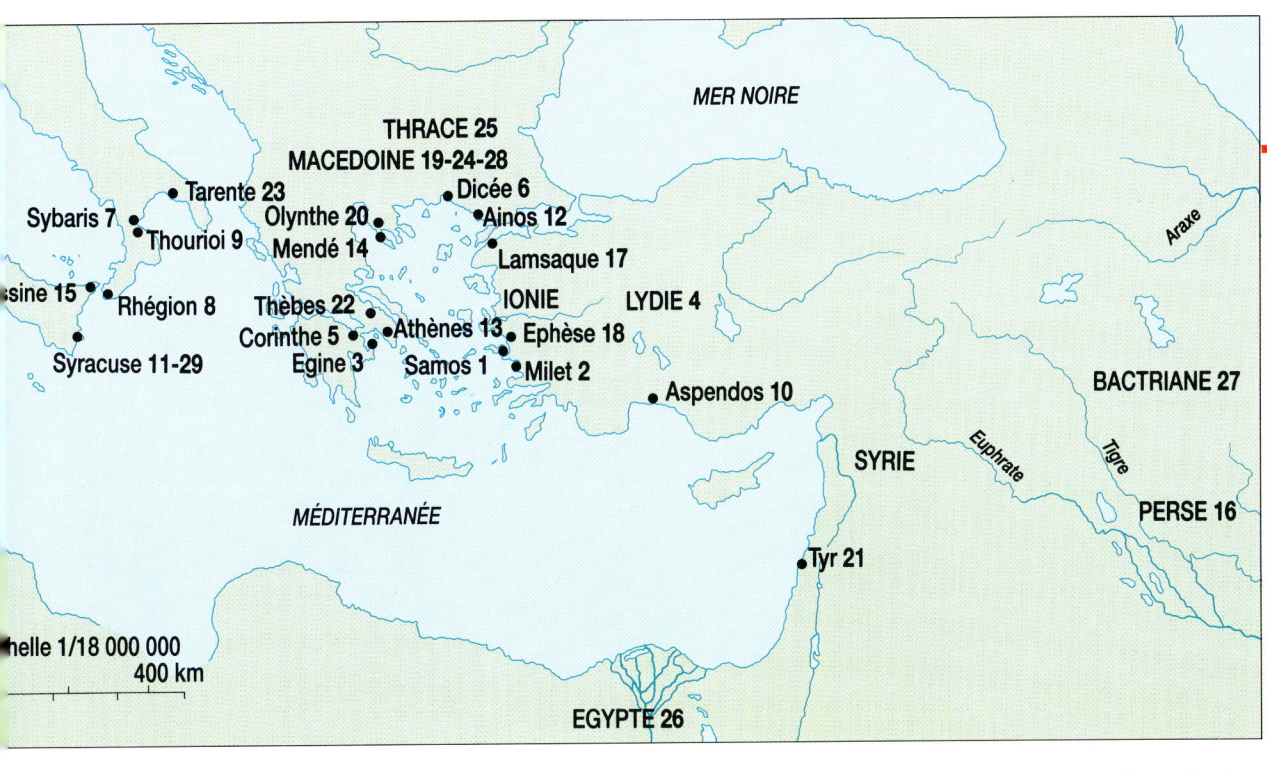

Cette carte indique la provenance des monnaies représentées sur ces pages. Après son invention en Lydie, la monnaie se répandit chez les Grecs d'Asie Mineure, dans les cités commerçantes telles Egine, Corinthe et Athènes, ainsi que dans les riches cités de Grande-Grèce.

12 Ainos, v. 465. Le dieu Hermès ; chèvre.
13 Athènes, v. 440. La déesse Athéna et sa chouette.
14 Mendé, v. 430. Dionysos assis sur un âne ; vigne.
15 Messine, v. 430. Course de mules attelées ; lièvre et tête de Pan.
16 Perse, Ve s. Pièce d'or représentant le roi avec un arc et des flèches.
17 Lampsake, v. 350. Pièce d'or représentant Zeus et le cheval ailé Pégase.
18 Ephèse, v. 350. Abeille ; cerf et palmier.
19 Macédoine, milieu du IVe s. Pièce d'or commémorant une victoire olympique (Zeus et char).
20 Olynthe, v. 375. Apollon ; lyre.
21 Tyr, v. 360. Melkart chevauchant un hippocampe ; emblèmes de l'Egypte.
22 Thèbes, milieu du IVe s. Bouclier de hoplite et amphore.
23 Tarente, v. 330. Guerrier et cheval ; homme chevauchant un dauphin.
24 Macédoine, v. 330. Alexandre le Grand sous les traits du héros Héraclès ; Zeus. Pièce sans doute fabriquée avec l'argent pris aux Perses.
25 Thrace, v. 300. Pièce émise par l'un des successeurs d'Alexandre, Lysimaque. Elle représente Alexandre sous les traits du dieu Amon.
26 Egypte, v. 300. Pièce représentant Ptolémée qui fut le général d'Alexandre avant de prendre le contrôle de l'Egypte.
27 Bactriane, v. 180. L'un des premiers royaumes héritiers de l'Empire d'Alexandre.
28 Persée, dernier souverain macédonien, v. 170. Il fut battu par Rome à Pydna en 168 av. J.-C.
29 Syracuse, IIIe s. Philistis, épouse de Hiéron II.

Les monnaies numérotées de 1 à 29 illustrent l'évolution des motifs, des simples marques du VIIe siècle av. J.-C. (1-2) aux portraits réalistes de la période hellénistique (24-29). Certaines monnaies étaient conçues pour le plaisir des yeux : ainsi la coiffure élaborée du personnage féminin de la monnaie n°11. D'autres pouvaient servir des buts de propagande politique : le conducteur de char victorieux (n°11) symbolisait la richesse de Syracuse. Les monnaies d'Athènes (n°13) restèrent les mêmes pendant très longtemps, ce qui était un signe de confiance et de stabilité.

Le Commerce et la Navigation

La pauvreté des sols et l'aridité des montagnes qui caractérisaient une grande partie de la Grèce continentale rendaient obligatoire l'importation de denrées et d'autres produits. Le commerce, et notamment le commerce maritime, était ainsi une activité primordiale. La plupart des Grecs de l'Antiquité vivaient près des côtes ; ils étaient souvent séparés des villes et villages voisins par la mer ou par les reliefs. La navigation était le plus rapide et parfois le seul moyen de voyager.

Les dangers de la mer

La navigation était dangereuse et bien souvent déprimante. *L'Iliade* évoque la tristesse des marins entraînés au large par les vents, loin des feux qu'ils ont laissés sur le rivage.

La navigation de nuit s'effectuait grâce aux étoiles, méthode qui comportait de graves défauts. Les étoiles permettaient à un marin expérimenté de savoir dans quelle direction il allait, mais elles ne le renseignaient pas sur sa position ou sur la distance parcourue. Ainsi, s'il savait que de dangereux récifs jalonnaient sa route, il ignorait s'ils étaient proches ou non. De plus, les étoiles étaient masquées par les nuages au moment où la navigation était la plus dangereuse, lors d'une tempête.

Outre la menace représentée par les éléments naturels, le navigateur courait le risque de rencontrer des pirates. Certains d'entre eux capturaient les marins pour les vendre comme esclaves dans des pays lointains. D'autres s'emparaient de la cargaison et jetaient les hommes à la mer. De cette façon, ils ne craignaient aucune vengeance : les morts ne parlent pas.

Ce jeune esclave originaire d'Afrique nettoie une chaussure. Dans les demeures des Grecs opulents, la majeure partie des tâches ménagères était effectuée par des esclaves qui, même à l'âge adulte, étaient désignés par des noms enfantins.

Le commerce maritime

Que transportaient les navires grecs ? Dès l'époque archaïque, les marins naviguaient jusqu'aux confins du monde connu pour en rapporter des métaux. Des vaisseaux se rendaient à Chypre, en Syrie et sans doute en Europe du Nord pour y charger le cuivre et l'étain qui serviraient à fabriquer le bronze des armes et des armures des nobles mycéniens. Si ces équipements leur permettaient de rester en vie en temps de guerre, ils avaient aussi pour effet d'impressionner leurs sujets en temps de paix. On a découvert en Méditerranée orientale l'épave chargée de cuivre d'un navire qui se rendait probablement dans quelque cité mycénienne. Durant l'ère archaïque comme pendant la période classique, il existait aussi de solides liens commerciaux entre la Grèce et l'Egypte.

Les denrées étaient importées et exportées en quantités énormes. Lorsqu'en 480 av. J.-C. le roi Xerxès atteignit l'Hellespont, lors de sa tentative d'invasion de la Grèce, il observa les bâtiments de commerce qui passaient le détroit avec leur chargement de céréales. Athènes, de loin la plus importante des cités grecques de la période classique, était si dépendante de ce grain venu des bords de la mer Noire qu'elle mit sur pied une grande flotte militaire dans le seul but de protéger ces convois. Athènes payait les céréales avec l'argent extrait de ses mines.

Les Athéniens exportaient de l'huile d'olive, du vin et de belles poteries peintes, et ce jusque dans le nord de l'Italie. Le port d'Athènes, le Pirée, devint le plus important de la mer Egée. Nombre des produits transitant par le Pirée étaient à leur tour exportés vers

Des esclaves au travail dans la mine. Un vase rempli d'eau leur est descendu afin qu'ils puissent se désaltérer sans cesser de travailler.

Cette inscription datant de la fin du Ve siècle av. J.-C. mentionne une vente d'esclaves. Les enfants coûtaient peu cher, au contraire des hommes robustes et des jolies femmes.

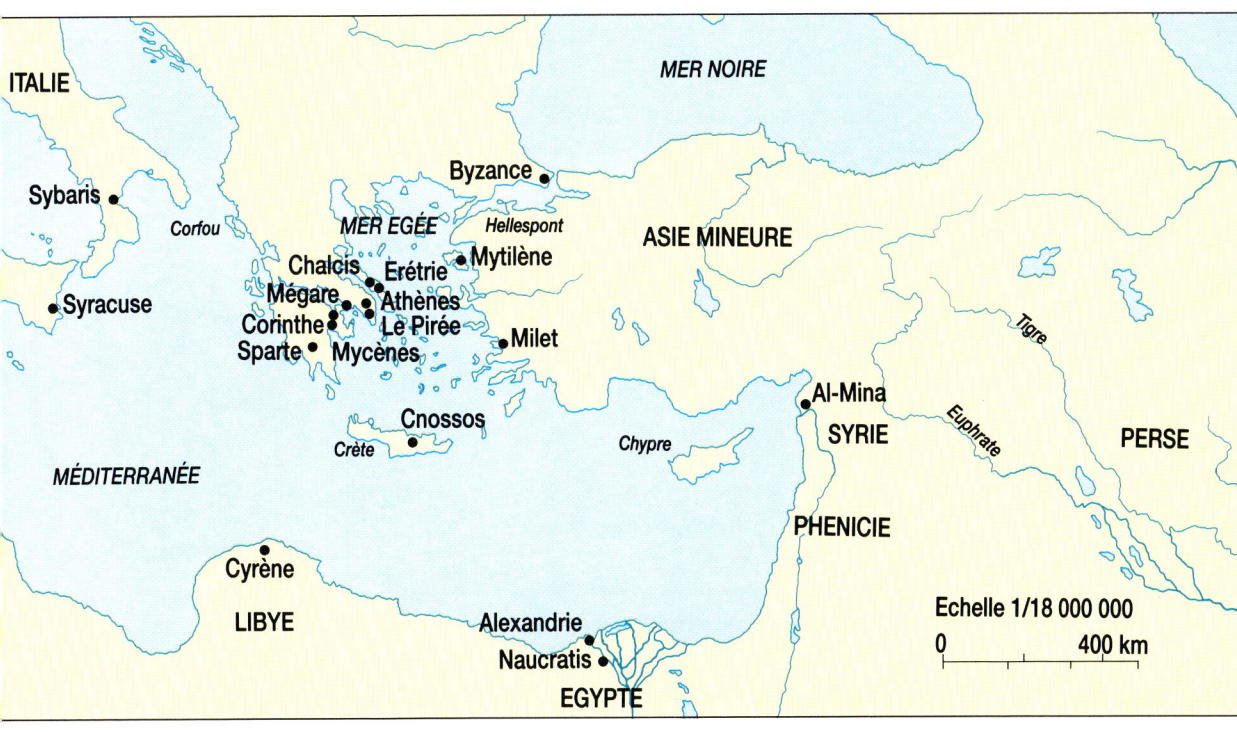

Les principaux ports grecs. De nombreuses marchandises provenaient de l'Empire perse, en dépit des mauvaises relations qui régnèrent souvent entre la Grèce et la Perse. Des navires se rendaient au nord de la mer Noire pour rapporter des céréales à Athènes.

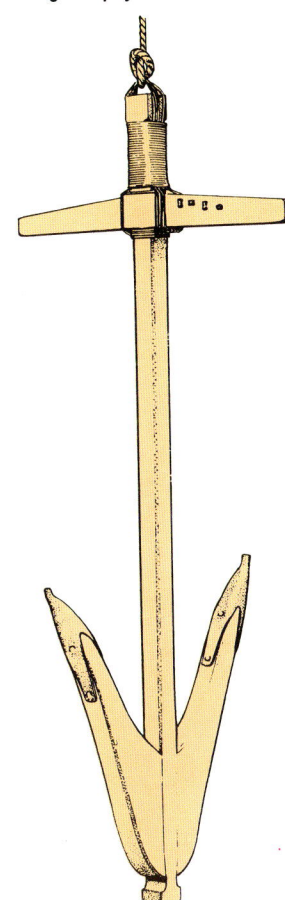

Cette ancre est celle d'un navire marchand grec du IIe siècle qui, venant d'Alexandrie, fit naufrage au large du pays de Galles.

d'autres cités. Les marchands étrangers qui utilisaient les installations portuaires payaient des taxes aux Athéniens.

Un poète du nom d'Hermippos dressa la liste de certaines marchandises apportées par bateau au Pirée. On trouvait du cuir de Cyrène, en Afrique du Nord, du maquereau et d'autres poissons salés de l'Hellespont, du sel et de la viande de bœuf d'Italie, des voiles et des cordes d'Egypte, de l'encens de Syrie, de l'ivoire de Libye, des dattes et des noix d'Asie Mineure, des tapis et des coussins de Carthage. La Grèce manquait du bois nécessaire à la construction de sa grande flotte : celui-ci était donc importé de pays situés au nord de la mer Egée.

La traite des esclaves

Les navires étaient fréquemment chargés d'esclaves : ceux-ci étaient parfois des Grecs capturés à la guerre, mais il s'agissait plus souvent d'étrangers originaires des marges du monde hellène. Comment étaient-ils traités à leur arrivée en Grèce ?

Si certains d'entre eux gagnaient la confiance et l'affection de leurs maîtres, d'autres menaient une existence peu enviable. Parmi les plus misérables, ceux qui travaillaient dans les mines, les fers aux pieds. De nombreux esclaves, femmes ou hommes, devaient divertir des citoyens souvent ivres ou brutaux.

Plus chanceux étaient les esclaves qui servaient "d'instituteurs" auprès des enfants des riches citoyens, ou de "policiers" à l'assemblée d'Athènes. Quelques-uns pouvaient être affranchis ; mais la majorité d'entre eux connaissaient une vie très dure, consacrée à des tâches pénibles ou avilissantes.

Les esclaves, comme les animaux domestiques aujourd'hui, échappaient parfois aux châtiments en public afin de ne pas offenser la vue des passants, mais dans les maisons, les fermes ou les mines la cruauté était chose courante. ■

Cette scène de comédie divertissait les Athéniens. Un esclave est traîné au bout d'une corde et menacé d'un bâton.

L'Empire spartiate et les Dix Mille

La capitulation d'Athènes devant Sparte, en 404 av. J.-C., fut accueillie avec plaisir par les riches et les puissants de nombreuses cités grecques : ils pouvaient maintenant gouverner sans entraves. Les démocraties qui s'étaient développées sous la protection d'Athènes furent abolies, des milliers de démocrates périrent ; à Athènes, les Spartiates forcèrent les habitants de la cité à démolir leurs murailles au son des flûtes.

La retraite des Dix Mille

Avec le retour de la paix, bien des soldats grecs se trouvèrent désœuvrés. Afin de gagner leur vie, dix mille d'entre eux se rendirent en Mésopotamie où ils se mirent au service d'un prince perse, Cyrus le Jeune. Lorsque Cyrus fut tué au combat, les mercenaires grecs se trouvèrent abandonnés loin de chez eux, au cœur de l'Empire perse. Les Dix Mille entamèrent alors un repli d'un millier de kilomètres vers le nord-ouest, dans des conditions difficiles, sous les attaques incessantes de divers ennemis. Ils parvinrent enfin à atteindre les côtes de la mer Noire, en Thrace : ils étaient encore très loin de la Grèce, mais pour ces excellents marins le cauchemar asiatique s'achevait. Ils allaient pouvoir regagner leur pays, sans avoir subi de pertes trop lourdes.

Le désastre de Leuctres

Le fait que les Dix Mille aient réussi à survivre sembla indiquer que l'Empire perse était affaibli. Sparte attaqua les Perses en Asie Mineure, mais ne connut guère de succès. La cité avait hérité de l'Empire athénien, mais sa façon d'exercer sa domination lui attira plus d'ennemis que d'alliés. Les Spartiates avaient l'habitude de se comporter avec cruauté envers leurs hilotes : peut-être ne surent-ils pas traiter les autres Grecs avec le tact et le respect nécessaires. Ils lancèrent des attaques brutales contre Thèbes et contre le Pirée, alors que l'on était en temps de paix. Leurs alliés eux-mêmes manifestèrent une vive réprobation. La défaite des Spartiates, écrasés par Thèbes à la bataille de Leuctres, en 371 av. J.-C., n'éveilla guère de compassion chez les Grecs. Ce désastre militaire marqua la fin de leur hégémonie. ■

Trente ans d'hégémonie spartiate, 404-371 av. J.-C.

■ **404** Athènes se rend. Sparte maintient l'Empire athénien sous un régime de tutelle. La démocratie est remplacée dans de nombreuses cités par l'oligarchie (autorité dans les mains de quelques familles). ■ **403** Restauration de la démocratie à Athènes, qui commence à reprendre de l'indépendance vis-à-vis de Sparte. ■ **401-400** Les Dix Mille marchent au cœur de l'Empire perse pour gagner la mer Noire. ■ **396-394** Sparte entreprend une campagne contre la Perse, en Asie Mineure. ■ **395-387** Athènes et Sparte sont à nouveau en guerre. ■ **387** Sparte doit abandonner toute prétention sur l'Asie Mineure. ■ **382** Les troupes spartiates s'emparent de Thèbes. ■ **378** Sparte tente de s'emparer du Pirée. ■ **371** Les forces thébaines écrasent Sparte à Leuctres.

Xénophon, l'un des chefs des Dix Mille, écrivit *L'Anabase*, récit vécu de l'expédition des mercenaires grecs engagés dans l'Empire perse. Il y évoque le mal du pays qui s'empara d'eux en Babylonie, et leur pénible retraite dans les montagnes sous les attaques ennemies.

L'expédition des Dix Mille, en 401 av. J.-C. : afin de combattre son frère Artaxerxès, le prince Cyrus engagea une armée grecque et des troupes asiatiques qui, ensemble, remportèrent la bataille de Counaxa, en Babylonie ; mais Cyrus fut tué. Bien qu'une trêve eût été déclarée, les Perses tuèrent par traîtrise les chefs grecs ; les Dix Mille durent alors effectuer une retraite de 3000 kilomètres qui les mena vers les cités grecques de la mer Noire.

De nombreux Spartiates enrichis grâce aux dépouilles de l'Empire athénien dépensaient des sommes énormes pour élever et entraîner des chevaux de course. Remporter une course de chars était signe de virilité pour le propriétaire, quand bien même il engageait un conducteur pour courir à sa place.

En 371 av. J.-C., Thèbes écrasa l'armée de Sparte et libéra les hilotes de Messénie. Une cité fortifiée, Messène, avait été construite pour contenir les Spartiates qui ne parvinrent jamais à s'en emparer. Cette photographie aérienne montre les vestiges des remparts de Messène, bel exemple de fortifications du IVe siècle.

Philippe et l'Essor de la Macédoine

L'une après l'autre, les grandes puissances grecques s'épuisèrent. Athènes avait été affaiblie par la guerre du Péloponnèse et la perte de son empire, en 404 av. J.-C. Un demi-siècle plus tard, elle fut bien près de connaître la faillite et ne put conserver aucun vestige de sa puissance. Sparte fut ruinée par la perte de la Messénie : après 370, la cité gaspilla son énergie en vaines tentatives pour reprendre cette région. Thèbes elle-même, qui avait vaincu Sparte, était à bout de forces. La Phocide, une petite contrée devenue l'ennemie de Thèbes, s'empara du fabuleux trésor du sanctuaire de Delphes et le fondit pour battre monnaie et engager une armée de mercenaires qui usa Thèbes par une guerre prolongée. Au nord-est de la Grèce se trouvait l'Etat partiellement hellénique de Macédoine dont le roi Philippe, homme extrêmement ambitieux, observait sans doute avec satisfaction le déclin de Thèbes.

Philippe de Macédoine représenté sur l'une de ses propres monnaies. Le cheval symbolise la rapidité avec laquelle Philippe ("celui qui aime les chevaux") accumulait les conquêtes.

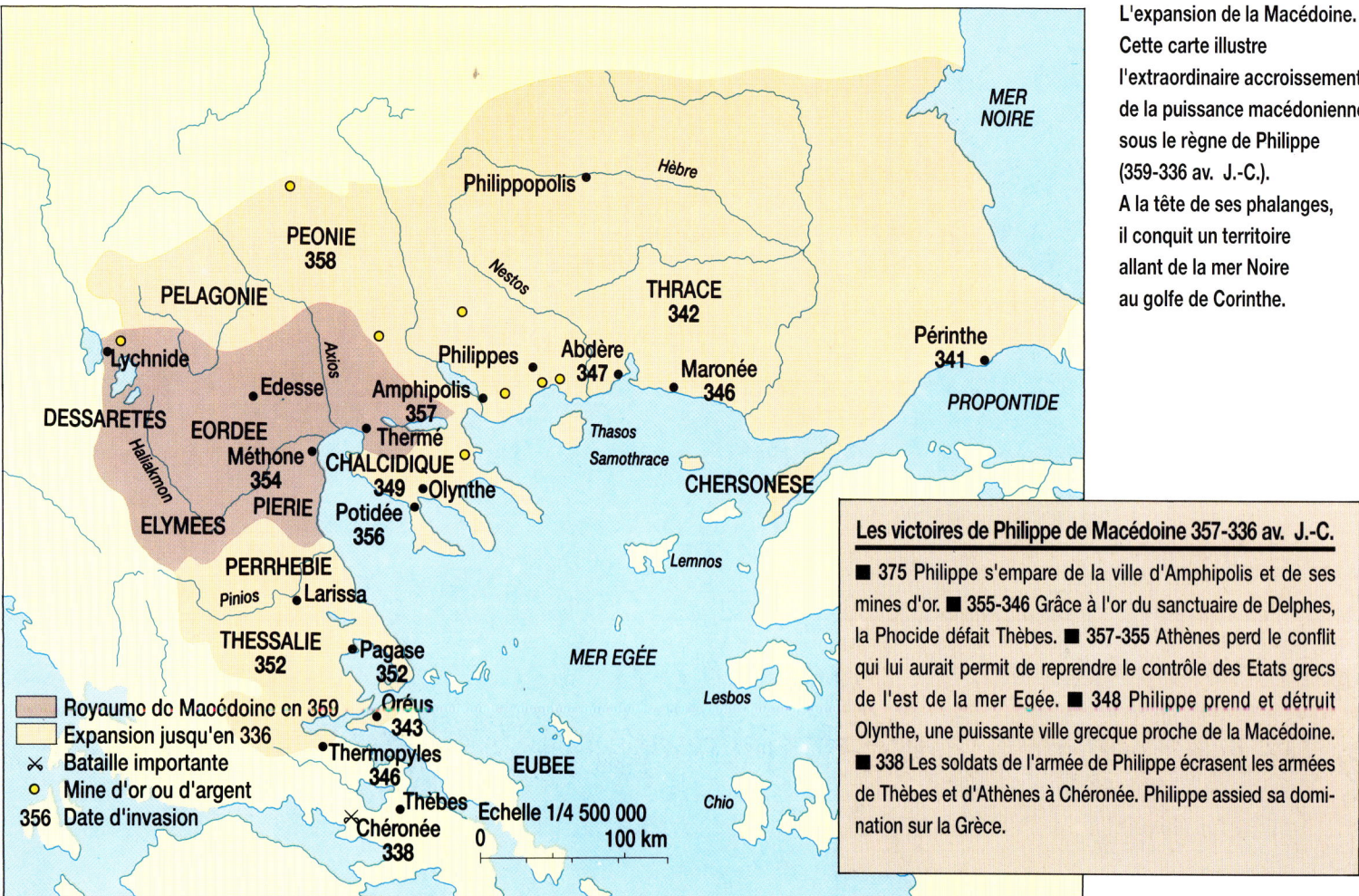

L'expansion de la Macédoine. Cette carte illustre l'extraordinaire accroissement de la puissance macédonienne sous le règne de Philippe (359-336 av. J.-C.). A la tête de ses phalanges, il conquit un territoire allant de la mer Noire au golfe de Corinthe.

Les victoires de Philippe de Macédoine 357-336 av. J.-C.

- 375 Philippe s'empare de la ville d'Amphipolis et de ses mines d'or.
- 355-346 Grâce à l'or du sanctuaire de Delphes, la Phocide défait Thèbes.
- 357-355 Athènes perd le conflit qui lui aurait permit de reprendre le contrôle des Etats grecs de l'est de la mer Egée.
- 348 Philippe prend et détruit Olynthe, une puissante ville grecque proche de la Macédoine.
- 338 Les soldats de l'armée de Philippe écrasent les armées de Thèbes et d'Athènes à Chéronée. Philippe assied sa domination sur la Grèce.

Cette tête d'ivoire, qui ne mesure que trois centimètres de haut, a été trouvée dans l'une des tombes royales de Macédoine. La forme de l'œil droit et la cicatrice qui coupe le sourcil permettent de penser que cette statuette représente Philippe II.

Philippe conquiert la Grèce

A l'instar des Phocidiens, Philippe II de Macédoine bâtit sa puissance sur ses immenses réserves de métaux précieux. A partir des années 350, les mines d'or du Pangée lui permirent de mettre sur pied une armée permanente de mercenaires. En combattant tout au long de l'année, ceux-ci acquirent une grande expérience de la guerre et parvinrent à conquérir de vastes territoires. La plupart des cités grecques ne pouvaient se permettre d'envoyer des hoplites à la bataille qu'en cas d'urgence, et leurs soldats n'étaient pas des professionnels à temps plein.

Les troupes de Philippe avancèrent vers la mer Noire à l'est et vers la Thessalie au sud. Leur progression fut facilitée par un autre emploi, plus discret, de l'or macédonien : Philippe soudoyait les politiciens des cités grecques.

En 339-338, Philippe fut prêt à affronter les principales puissances grecques. Il traversa la Thessalie à la tête de ses armées, puis pénétra en Béotie par le défilé des Thermopyles. A Chéronée, il défit les armées coalisées de Thèbes et d'Athènes, obtenant ainsi la maîtrise absolue de la Grèce continentale.

Il fit preuve de modération envers Thèbes et Athènes, espérant certainement gagner le soutien des cités vaincues pour la guerre qu'il envisageait contre l'Empire perse. Il ne put mener à bien un tel projet : en 336, il fut assassiné en Macédoine. Le soin de s'attaquer à la Perse échut à son fils, Alexandre.

Les victoires de Philippe sont souvent considérées comme marquant la fin de l'indépendance grecque. Dorénavant, les cités qui n'étaient pas administrées par des généraux macédoniens vivaient dans la crainte de leur puissance. Elles continuaient parfois de se faire la guerre, mais aux yeux des Macédoniens, qui combattaient ailleurs pour des enjeux bien supérieurs, les querelles des Grecs semblaient vaines et dérisoires. ■

La force guerrière de Philippe reposait sur ses fantassins qui combattaient à la manière des hoplites grecs, mais employaient une lance plus longue. Celle-ci, appelée *sarissa*, mesurait près de 4 m de long.

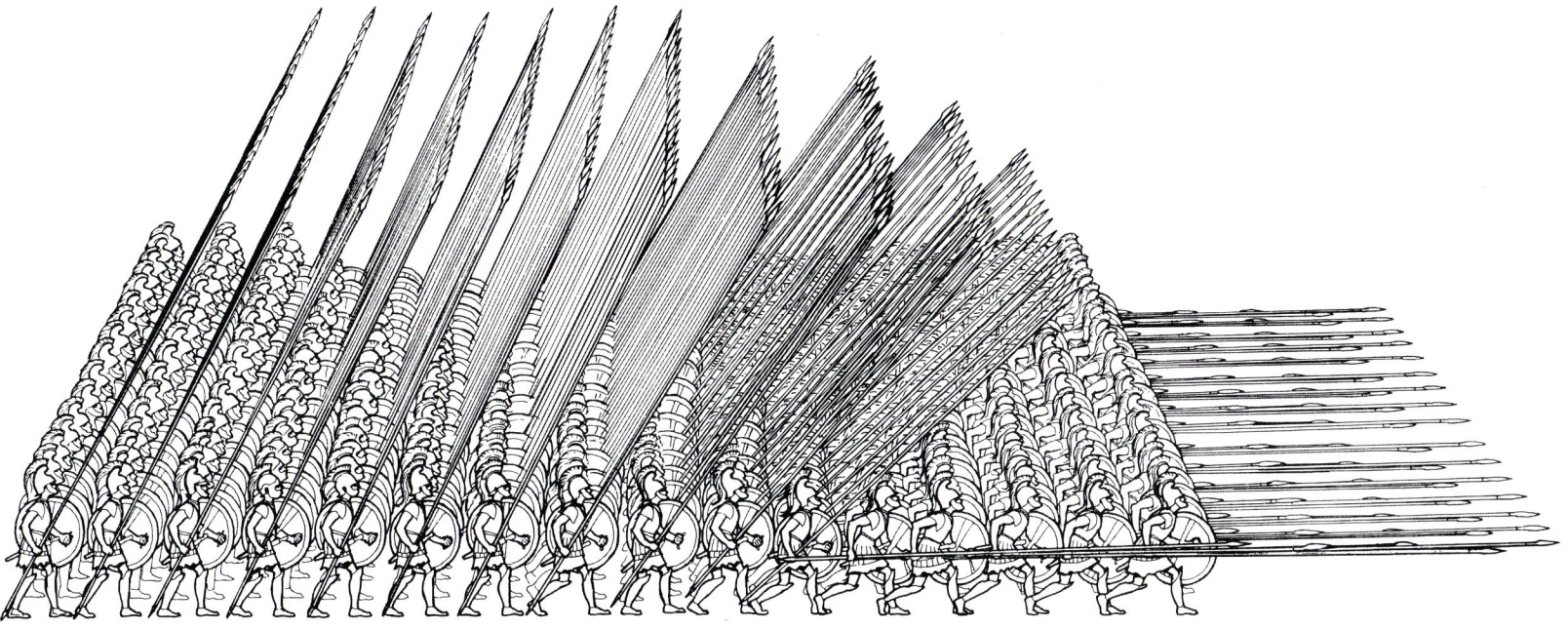

LES TOMBES ROYALES DE MACÉDOINE

A Verghina, en Macédoine, des archéologues ont récemment découvert des sépultures souterraines de marbre renfermant de magnifiques trésors. Dans l'une des tombes se trouvaient les fragments d'un squelette et d'un crâne humain qui avaient été incinérés : il s'agit sans doute d'un personnage riche et puissant, mais les tombes ne comportent aucune inscription pouvant aider à découvrir son identité.

Le soldat inconnu

Ce corps n'est certainement pas celui d'Alexandre, qui mourut en Orient et dont la dépouille embaumée demeura pendant des siècles à Alexandrie, en Egypte. Les chercheurs qui ont examiné le crâne de Verghina ont trouvé un indice qui pourrait permettre de l'identifier : ce crâne présente les traces d'une grave blessure au-dessus de l'œil droit. Or, voici ce qu'écrivait un auteur grec de l'Antiquité à propos de Philippe de Macédoine, père d'Alexandre le Grand :

« *Son oeil droit fut entaillé par une flèche alors qu'il inspectait les machines de guerre et les abris, lors du siège de Méthone.* »

Ce siège eut lieu en 354 av. J.-C., et Philippe eut la chance de survivre à cette terrible blessure. La figurine de Verghina (page 43) présente elle aussi une profonde cicatrice au-dessus de l'œil droit. S'il s'agit bien d'une effigie de Philippe, le corps retrouvé dans la tombe peut alors être le sien.

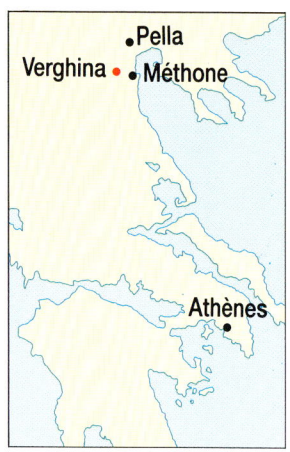

Verghina se situe à quelque distance de Pella, capitale de la Macédoine. Philippe fut blessé en prenant la ville de Méthone, également indiquée sur la carte.

Une tombe de Verghina. A la droite du dessus de bouclier en bronze se trouvent des jambières, et un diadème d'or symbole de l'autorité royale.

Reconstitution de l'entrée des tombes de Verghina. Au-dessus des colonnes de marbre on peut distinguer les traces d'une frise représentant une chasse au lion. Sous cette frise, des bandes de peinture d'un bleu vif sont encore visibles.

- Tertre
- Poutres de bois
- Chambre mortuaire en pierres taillées
- Entrée ornementée
- Antichambre

Les ciselures de ce carquois d'or, vieux de plus de 2300 ans, représentent notamment un archer.

Cette tête d'ivoire de Verghina représente peut-être Alexandre, le fils de Philippe.

L'or qui a servi à fabriquer ce magnifique coffret (qui mesure 33 cm sur 41) provenait probablement de la mine personnelle de Philippe.

Les objets découverts à Verghina reflètent une vie de soldat. Les photographies qui figurent ci-contre montrent un grand dessus de bouclier et des jambières de bronze. L'une des deux cnémides (servant à la protection des tibias et des mollets) mesure trois centimètres de moins que l'autre : des documents anciens nous apprennent que Philippe était légèrement boiteux, de sorte que les cnémides auraient pu lui appartenir. Elles furent enterrées auprès de lui, pour le cas où il en aurait eu besoin dans l'au-delà.

La tombe de Verghina est une véritable rareté. La plupart des sépultures anciennes renfermant des trésors ont été pillées depuis longtemps. Le fait que celle-ci ait été épargnée est assez remarquable et s'explique par la présence d'un grand tertre recouvrant la tombe. Il est encore plus rare de retrouver le corps d'un homme aujourd'hui connu par les écrits des auteurs de l'Antiquité.

Un mystérieux assassinat

Philippe mourut poignardé par un jeune homme à la cour de Macédoine. L'assassin lui-même fut aussitôt exécuté et il est difficile de connaître les raisons de son acte. On avance parfois qu'Olympias, épouse répudiée de Philippe et mère d'Alexandre, aurait participé au complot. Elle avait certains motifs de ressentiment à l'égard de Philippe, qui avait eu un autre enfant d'une seconde femme : ce fils risquait d'écarter Alexandre de la succession au trône. ∎

Les Campagnes d'Alexandre

A la mort de Philippe, Alexandre devint roi de Macédoine. Les perspectives d'avenir du nouveau souverain ne semblaient guère brillantes : il était très jeune, vingt ans, et d'un physique gracile. *"Ce n'est qu'un garçonnet"* disaient ses ennemis. De plus, il manquait d'argent, son père ayant laissé d'énormes dettes. Pourtant, Alexandre n'abandonna pas les ambitions démesurées de celui-ci. A son tour, il allait tenter de conquérir l'Empire perse.

Alexandre raisonnait sans doute de la manière suivante : les troupes perses avaient été régulièrement défaites par les hoplites grecs. En 401-400 av. J.-C., l'armée grecque des Dix Mille avait pénétré au cœur de l'Empire perse, mais jusqu'à Philippe et Alexandre jamais les phalanges n'avaient été suffisamment nombreuses pour prendre de façon permanente le contrôle de ce vaste territoire. Maintenant que la Macédoine dominait la majeure partie de la Grèce, il devenait possible de mettre sur pied une formidable armée.

Premières conquêtes

En 334 av. J.-C., Alexandre franchit l'Hellespont et pénétra en Asie Mineure à la tête de trente mille fantassins lourdement armés et de cinq mille cavaliers. Après une première victoire contre les Perses sur le Granique, il se dirigea vers la Phénicie, centre de la puissance navale adverse. De nouveau victorieux, en Phénicie puis en Egypte, il fit ensuite mouvement vers l'est, pour frapper l'Empire perse au cœur même de sa puissance terrestre.

A Gaugamèles, au-delà du Tigre, Alexandre engagea la bataille décisive. Son adversaire, le roi Darius, bénéficiait de la supériorité numérique, mais les troupes grecques combattirent avec une telle discipline que les chars de guerre du roi des rois ne purent rien contre elles. Après des combats acharnés, Darius s'enfuit. Alexandre était maintenant empereur, mais son ambition n'en fut pas pour autant assouvie.

L'horizon indien

Il pensait que la conquête de l'Inde le mènerait au bout du monde. Au terme d'une longue marche vers l'est, ses hommes défirent une armée qui combattait avec des éléphants de guerre. Mais ils refusèrent d'aller plus loin, de traverser le désert et d'affronter de nouveau l'inconnu. Après trois jours de réflexion, Alexandre donna l'ordre du retour. ■

Le règne d'Alexandre, 336-323 av. J.C.

■ 336 Alexandre hérite du royaume de Macédoine. ■ 335 Alexandre détruit Thèbes qui s'était révoltée. ■ 334 Alexandre envahit et conquiert l'Asie Mineure. ■ 333 Victoire à Issos - Alexandre pénètre en Phénicie. ■ 332 Conquête de la Syrie et de l'Egypte. ■ 331 Fondation d'Alexandrie en Egypte. Alexandre défait le roi Darius à Gaugamèles. ■ 330-327 Alexandre fonde de nombreuses villes dans la partie orientale de l'ancien Empire perse. ■ 326 Alexandre pénètre en Inde et conquiert le Penjab. Son armée refuse d'aller plus avant. ■ 323 Alexandre meurt à Babylone. Son empire est démembré.

Les conquêtes d'Alexandre. A la tête de ses armées, il se tailla un empire gigantesque. C'est en grande partie par respect pour ce chef courageux que les soldats d'Alexandre acceptèrent de le suivre si loin.

Les troupes d'Alexandre combattent les éléphants du roi Pôros, dans le nord-ouest de l'Inde.

Alexandre souhaitait donner à son autorité un caractère quasi divin. Les cornes de bélier qui ornent son front évoquent le dieu égyptien Amon.

Cette miniature représente un éléphant de guerre soulevant un soldat ennemi entre ses défenses. Les successeurs d'Alexandre échangèrent de vastes pans de leurs territoires orientaux contre un troupeau de ces bêtes, entraînées à combattre pour eux.

Afin de maintenir la paix dans son empire, Alexandre voulut que ses sujets grecs et étrangers vivent en bonne intelligence. Ce disque d'argent retrouvé en Afghanistan montre combien les concepts grecs et non-grecs se mêlèrent. Sur la gauche, on voit la déesse phrygienne Cybèle vêtue à la grecque ; un personnage vêtu à l'orientale la protège de son parasol. Le dieu-soleil et le prêtre qui se tient devant le foyer d'un autel sont également orientaux.

LES ROYAUMES HELLÉNISTIQUES

Lorsqu'il mourut de maladie, Alexandre n'était âgé que de trente-deux ans, mais avait depuis longtemps pressenti que son empire devrait faire face à de graves problèmes. Les Hellènes avaient toujours méprisé les peuples de Perse, qu'ils désignaient sous le nom de Barbares et en qui ils voyaient les adorateurs asservis d'un empereur. Pourtant, il leur fallait désormais administrer ces populations. S'ils se comportaient de façon arrogante, ils s'exposeraient à des révoltes. Pour parer à ce risque, Alexandre lui-même avait épousé une aristocrate perse, Roxane, et incité nombre de ses hommes à contracter semblables mariages. Il espérait ainsi donner naissance à une nouvelle noblesse d'ascendance à la fois grecque et orientale, qui respecterait les deux cultures. Il n'y réussit que très imparfaitement : à sa mort, ses hommes furent nombreux à divorcer.

La fin d'un empire

Comme la plupart des rois, Alexandre fut confronté au problème de sa succession, l'important étant d'éviter les guerres civiles résultant de rivalités internes. La solution traditionnelle consistait à avoir un fils, et à le désigner pour héritier. Mais à la mort d'Alexandre, son fils n'était pas encore né. Peu après la naissance de cet enfant posthume, les anciens généraux d'Alexandre le firent tuer, ainsi que Roxane, avant de partager l'empire à leur propre profit.
Séleucos reçut le plus grand royaume, qui s'étendait de Syrie et de Palestine à l'ouest jusqu'aux frontières de l'Inde à l'est. Il abandonna des territoires situés en Inde, en échange de cinq cents éléphants de guerre. Même si les Séleucides virent leur empire se réduire au cours des deux siècles suivants, ils conservèrent les troupeaux d'éléphants, jusqu'à ce qu'en 163 av. J.-C. Rome ordonnât la mutilation des bêtes. Des royaumes de moindre importance, comme la Bactriane à l'est et Pergame en Asie Mineure, furent taillés dans l'ancien empire macédonien.
Le plus durable de ces royaumes fut fondé en Egypte par Ptolémée, ancien général d'Alexandre. Les cultures de la vallée du Nil faisaient de l'Egypte une terre très riche, que les déserts qui s'étendaient à l'est comme à l'ouest du fleuve rendaient facile à défendre. La capitale de l'Egypte, Alexandrie, devint la plus importante des villes du monde hellénistique. Le dernier des Ptolémées à régner sur l'Egypte ne fut autre que la célèbre Cléopâtre : elle devait perdre son royaume au profit de Rome en 31 av. J.-C.

Une influence durable

Les conquêtes d'Alexandre eurent pour conséquence la diffusion de la langue et du mode de vie grecs parmi les classes riches de l'ancien Empire perse. Ainsi Jésus-Christ et ses premiers disciples, qui étaient pauvres, parlaient une langue non-grecque, l'araméen. Mais quand le Nouveau Testament fut rédigé, pour des hommes sachant lire, il le fut en grec. Le mot grec signifiant "Grèce" était *Hellas* : la nouvelle civilisation fut qualifiée d'hellénistique.

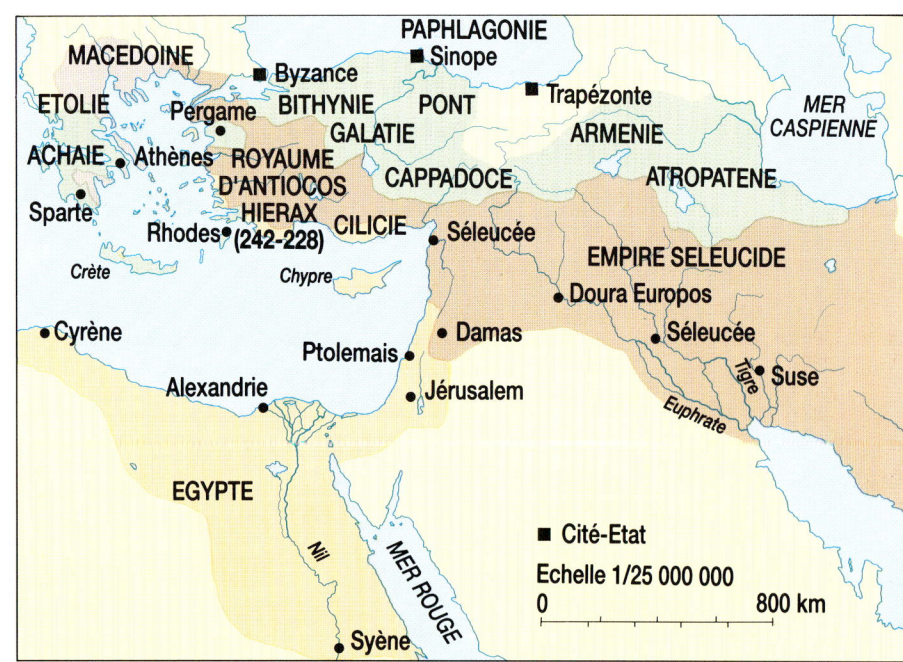

Le monde hellénistique en 240 av. J.-C. Les princes de Macédoine ont depuis longtemps perdu le contrôle des terres asiatiques conquises par Alexandre, ainsi qu'une grande partie de la Grèce. L'Asie Mineure est fragmentée, mais les Séleucides et les Ptolémées conservent de vastes empires.

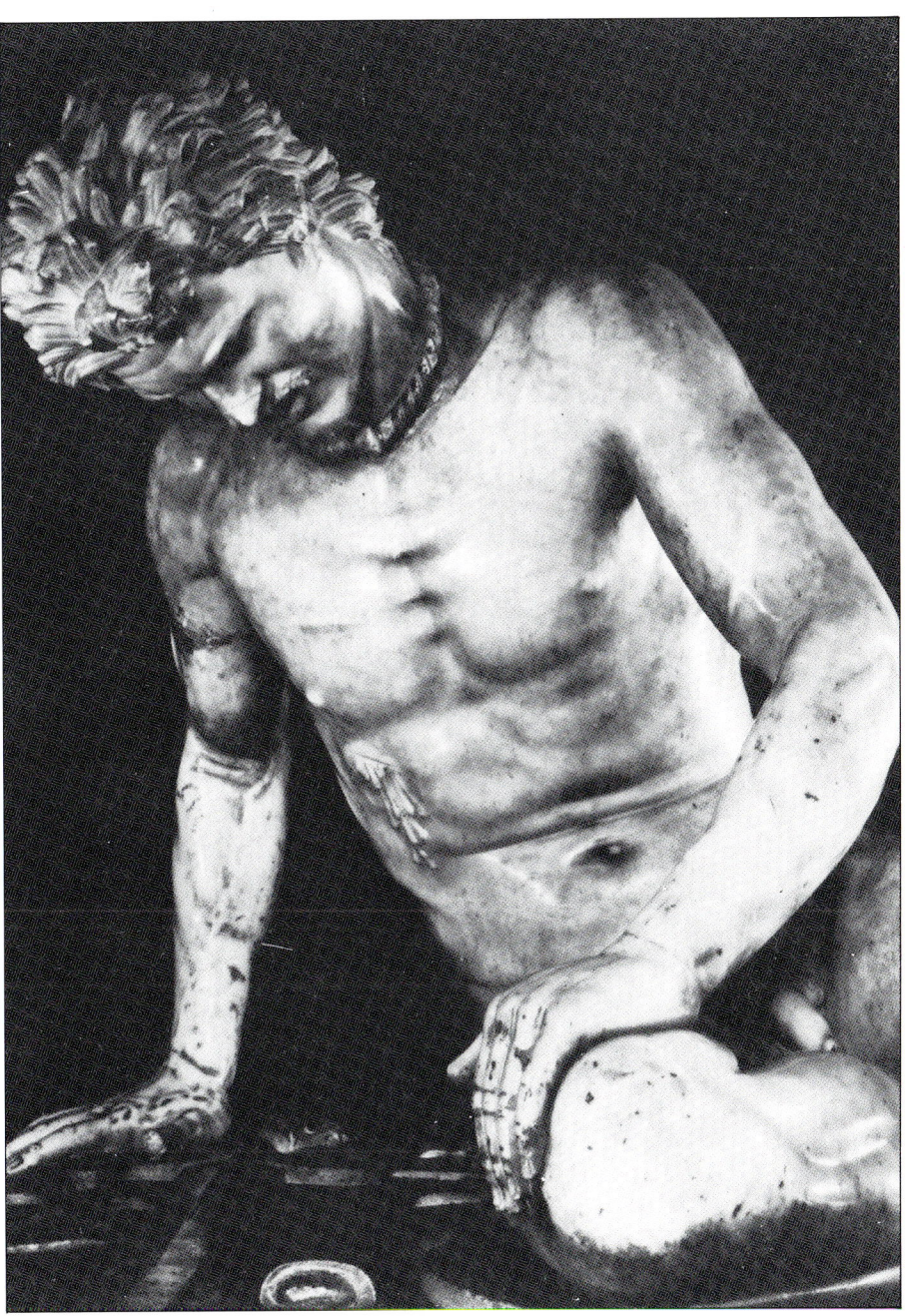

Après avoir vaincu une armée celtique, le roi hellénistique de Pergame commanda cette statue d'un Celte blessé à mort.

Ce mausolée hellénistique haut de plus de quarante mètres se dresse à Pétra (aujourd'hui en Jordanie). Ses colonnes s'élèvent au flanc d'une falaise.

C'est sans doute dans le domaine des sciences et des techniques que les penseurs hellénistiques apportèrent au monde leur contribution la plus éclatante. Erathostène fut le premier à évaluer de façon exacte la longueur de la circonférence de la Terre. Aristarque comprit que la Terre tournait sur elle-même et autour du Soleil. La plupart des terres hellénistiques furent conquises par Rome, mais l'influence grecque continua de se faire sentir, car les Romains suivirent l'enseignement des Hellènes. En 330 ap. J.-C., la capitale de l'Empire romain fut transférée dans une ville grecque, Constantinople. ■

Deuxieme Partie

Culture et Société

Ce masque de bronze imite ceux
que portaient les acteurs de la tragédie grecque
au Ve siècle av. J.-C.

L'Acropole d'Athènes.

LE NORD-OUEST

La région de l'Epire est l'une des plus montagneuses de la Grèce. La chaîne des monts du Pinde s'étire du nord au sud ; plus à l'ouest se dresse l'imposant mont Olympe. Dans l'Antiquité, ces contrées ne se prêtaient guère à l'agriculture. La population y était trop clairsemée et trop pauvre pour apporter une grande contribution à la civilisation grecque.

Aussi les Grecs se plaisaient à voir dans cette mystérieuse région, et en particulier dans le mont Olympe, le lieu de résidence de leurs dieux. Par milliers, hommes et femmes venaient de très loin pour consulter à Dodone l'oracle de Zeus, le plus ancien en Grèce.

L'île de Corfou

Corfou (ou Kerkyra) était plus aisément accessible par mer depuis les principales cités grecques. Colonisée par Corinthe au VIIIe siècle, l'île possédait vers 430 l'une des plus grandes flottes de l'époque. Cependant, la communauté fut affaiblie par de féroces guerres civiles, de sorte qu'elle déclina rapidement, passa sous contrôle macédonien puis fut annexée par Rome en 229 av. J.-C.

La Thessalie

La Thessalie ne profita jamais de la puissance que sa richesse aurait pu lui permettre d'acquérir. Les mœurs politiques de cette région qui comprenait de grandes étendues plates et fertiles étaient tout à fait primitives. Alors même que s'épanouissait la civilisation grecque classique, elle était gouvernée par un groupe d'hommes riches et sans scrupules. La fonction principale des plaines de Thessalie sembla même être de servir de lieu de passage aux troupes qui gagnaient ou quittaient les cités du sud. La plus grande de ces armées fut celle du roi de Perse Xerxès, en 480. Après avoir traversé la Thessalie, Xerxès se trouva bloqué pendant un certain temps aux Thermopyles. Cette étroite bande de terre entre mer et montagne constituait une excellente position défensive contre les envahisseurs et commandait l'entrée en Grèce centrale.

Le royaume de Macédoine, partiellement grec, acquit une grande puissance à partir des années 350 av. J.-C. Le roi Philippe II, père d'Alexandre le Grand, possédait des mines d'or et d'argent dans la région, ce qui lui permit d'engager des soldats et de soudoyer des hommes politiques grecs. Lorsque à son tour Philippe franchit les Thermopyles, en 339-338, ce fut pour conquérir la Grèce. ■

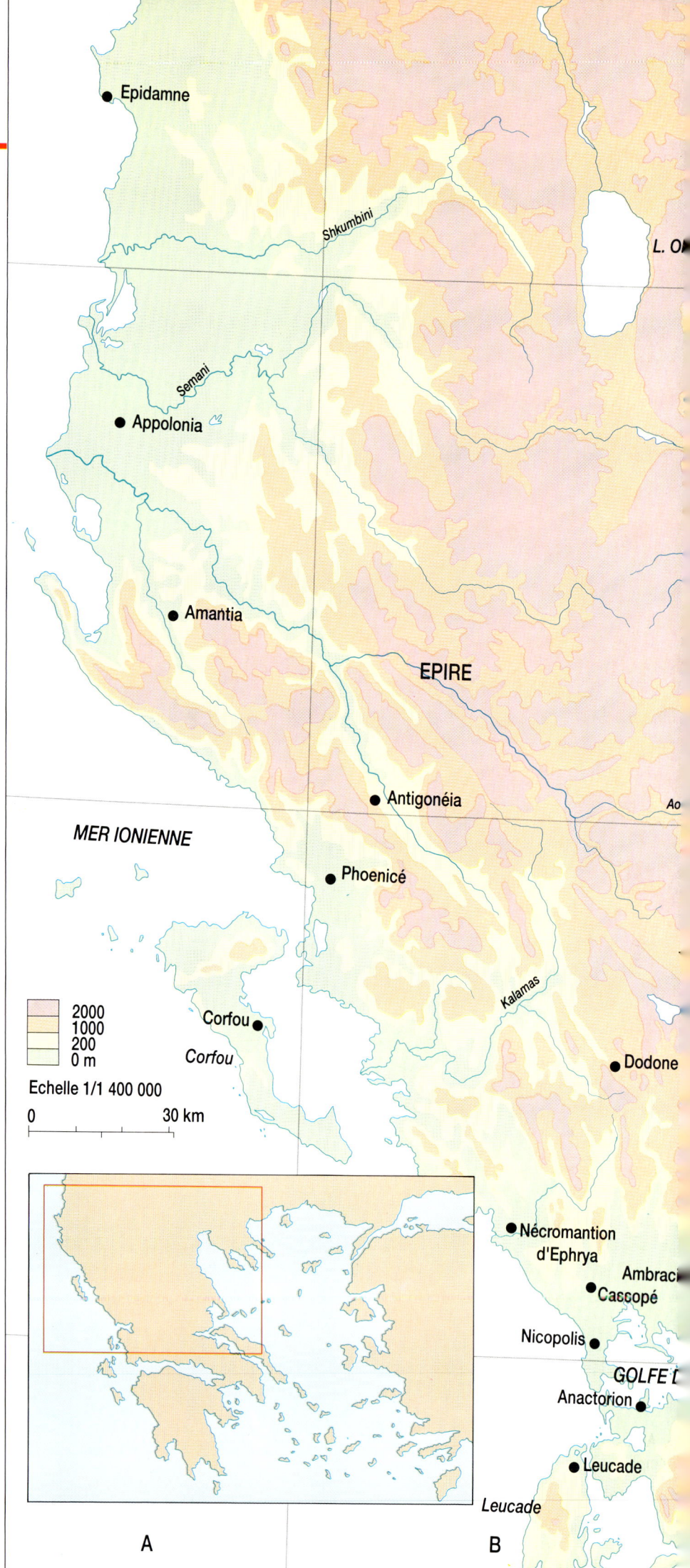

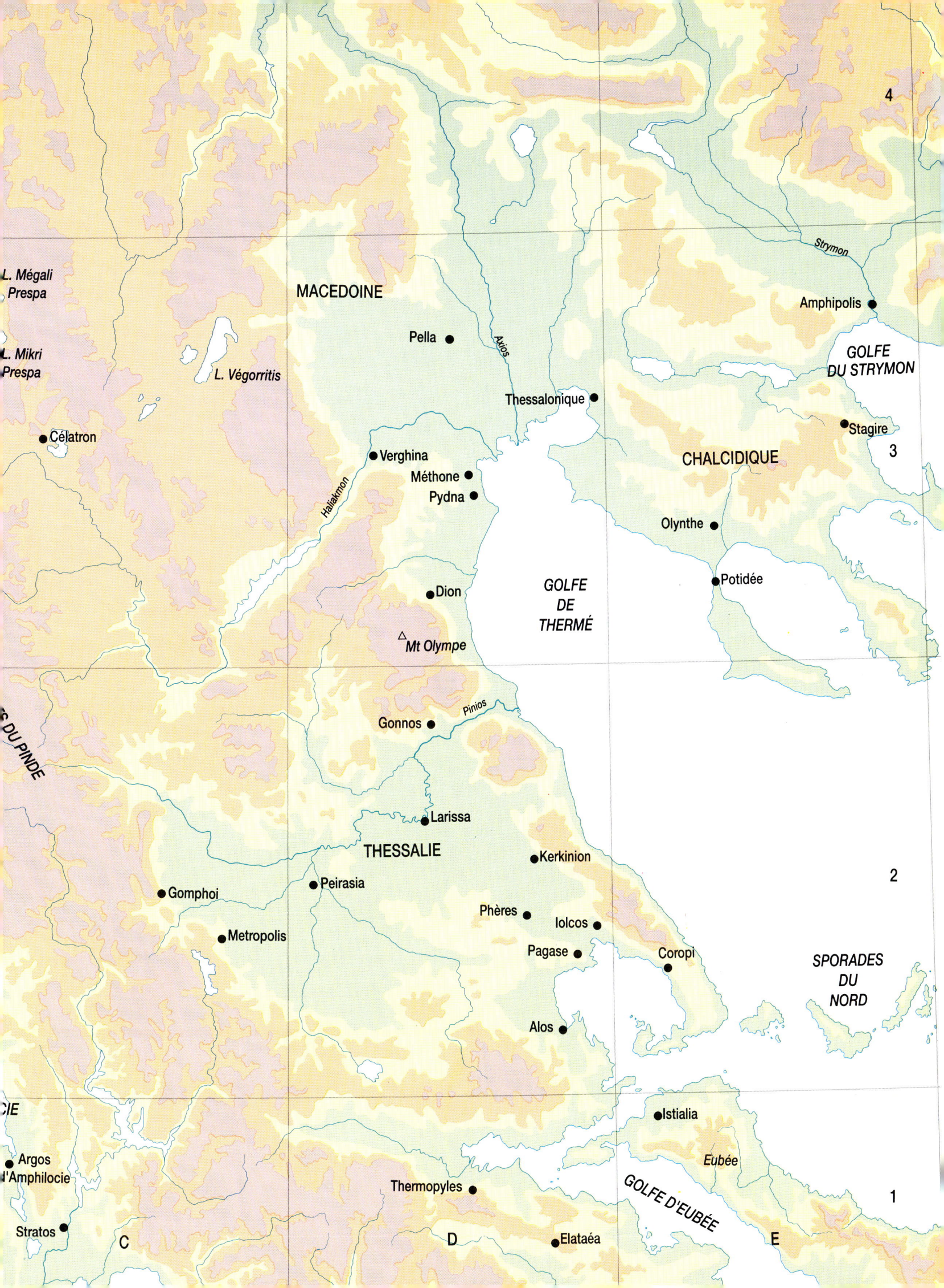

LE SUD-OUEST

La Crète et le sud de la Grèce furent les grands centres méditerranéens de la civilisation de l'âge du bronze. En Crète, les Minoens édifièrent de somptueux palais, dont celui de Cnossos. Lorsque l'influence crétoise diminua, des cités du Péloponnèse telles Mycènes et Pylos connurent un grand essor. Les deux principales puissances qui apparurent à la période archaïque, pour dominer ensuite la période classique, furent Athènes et Sparte. La première s'enrichit grâce à ses mines d'argent du Laurion, à l'agriculture et au commerce. La cité possédait au Pirée un magnifique port naturel, d'où partaient les vaisseaux de guerre qui protégeaient les navires marchands d'Athènes et qui permirent la conquête d'un empire en mer Egée.

Les voisins d'Athènes

Au nord-ouest d'Athènes s'étendait la Béotie, dont les habitants étaient réputés pour leur lenteur d'esprit. Ce furent pourtant les Béotiens qui découvrirent le moyen de vaincre l'armée spartiate. Après avoir écrasé Sparte à la bataille de Leuctres (371), la Béotie domina la Grèce pendant une brève période.

L'île d'Egine, au sud d'Athènes, était au VIe siècle av. J.-C. une grande puissance commerçante et navale. Sa monnaie était répandue dans toute la Méditerranée. Athènes craignait Egine, qu'elle appelait "l'horreur du Pirée". En 431, les Athéniens occupèrent l'île et déportèrent sa population pour y établir des colonies militaires.

Deux autres cités voisines, Corinthe et Mégare, parvinrent à survivre à l'hostilité d'Athènes. Situées sur le continent, elles pouvaient être défendues par les armées de Sparte. Placée sur un isthme, Corinthe commerçait avec l'Orient et l'Occident : elle fonda des colonies dans l'ouest de la Grèce et en Sicile, mais aussi dans la mer Egée. Habiles bâtisseurs, les Corinthiens construisirent une voie empierrée (*dioclos*) afin de hâler les navires du golfe de Corinthe à la mer Egée (l'actuel canal de Corinthe est un ouvrage datant du XIXe siècle).

Sparte

Isolée dans le sud du Péloponnèse, Sparte y mit sur pied sa redoutable armée. Les Spartiates tiraient leur richesse d'une immense population de Grecs asservis, les hilotes. Alliée aux Athéniens pour lutter contre les Perses, Sparte engagea par la suite une lutte fratricide, d'où ne devaient sortir ni vainqueurs ni vaincus. ∎

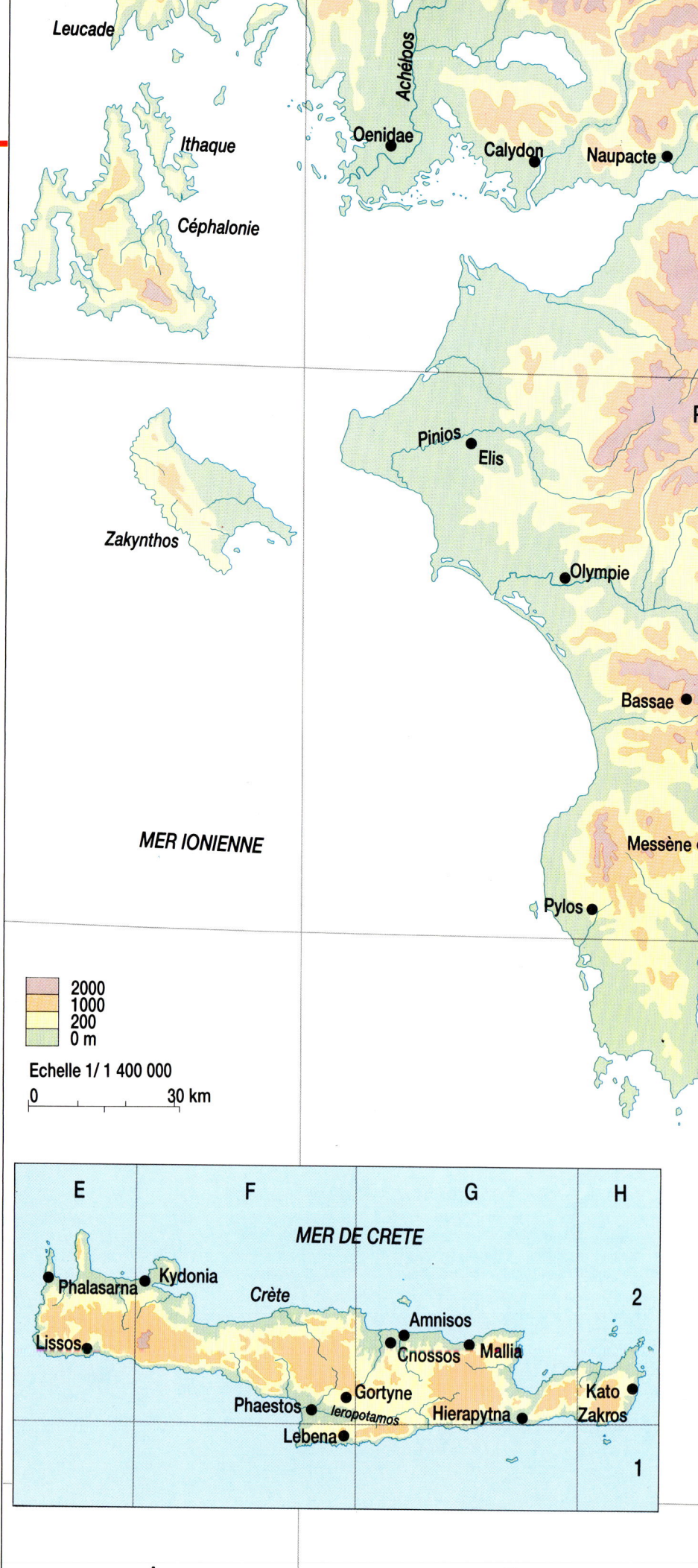

Le Nord-Est

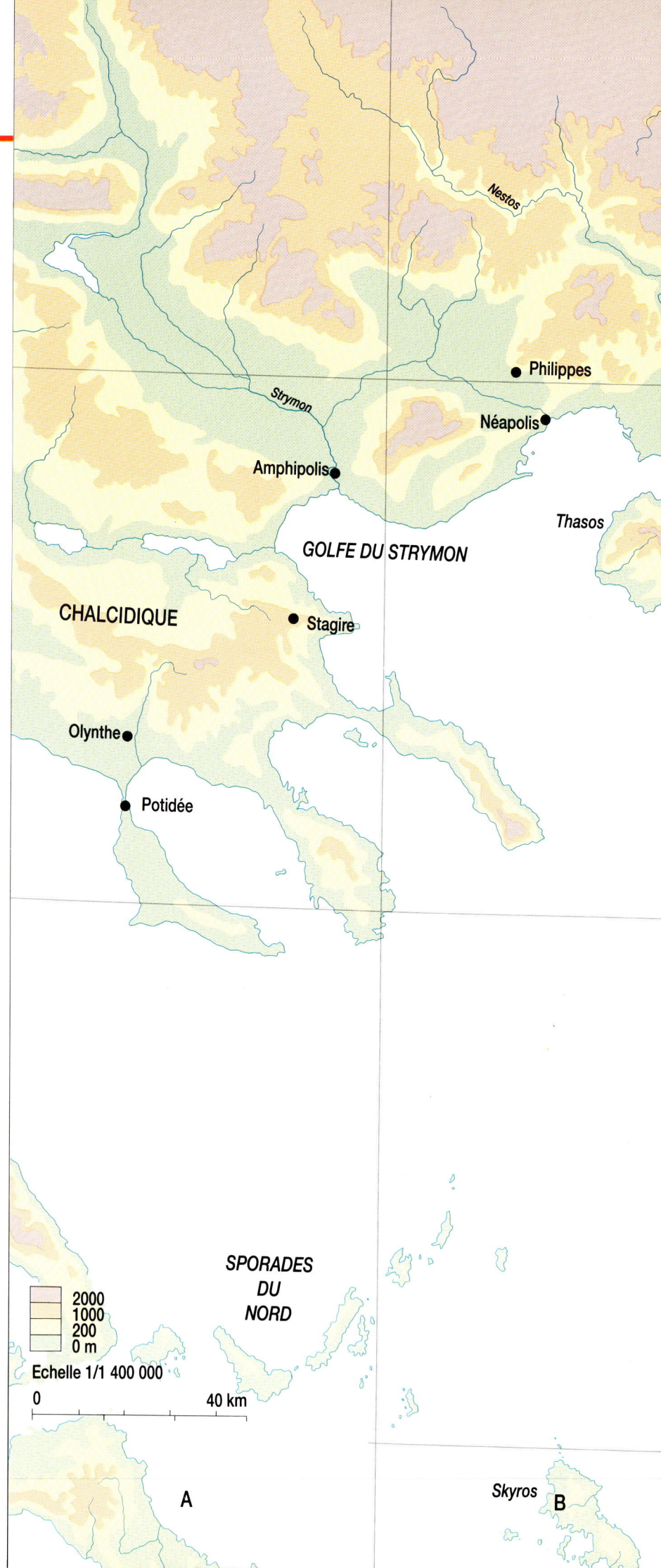

Sans même connaître en profondeur l'histoire de la Grèce, il est aisé d'indiquer sur cette carte un endroit stratégique, propice aux batailles : le long et étroit chenal qui mène de la mer Egée au Propontide (l'actuelle mer de Marmara) et à la mer Noire. Depuis la préhistoire, les navires marchands faisant le voyage entre ces mers traversent l'Hellespont (appelé aujourd'hui détroit des Dardanelles), qui constitue également un point de passage idéal pour les armées se déplaçant d'Europe en Asie par la voie terrestre. La maîtrise de ce détroit revêtait donc une immense importance et fit l'objet de nombreuses batailles.

Un haut-lieu de l'Histoire

La plus célèbre des guerres de la mythologie grecque eut lieu à Troie, ville dont la situation commandait l'ouest de l'Hellespont. La guerre de Troie se déroula peut-être réellement, vers 1200 av. J.-C. Quelque six cents ans plus tard, Athènes affronta les hommes de l'île de Lesbos pour le contrôle de Sigée, ville proche du site de Troie. En 480, l'armée perse franchit l'Hellespont du sud au nord, sur un pont de bateaux.

Pendant la majeure partie du Ve siècle, l'Hellespont fut placé sous la garde de la flotte athénienne, qui protégeait les navires marchands transportant les céréales des côtes de la mer Noire à Athènes. La grande guerre qui opposa Athènes à Sparte prit fin en 405-404, non sur terre mais dans l'Hellespont : sur l'Aigos-Potamos, Sparte s'empara de la flotte rivale et coupa ainsi les approvisionnements d'Athènes en denrées.

En 334, le roi Alexandre de Macédoine franchit l'Hellespont avec une armée gréco-macédonienne, du nord au sud cette fois : il partait à la conquête de l'Empire perse.

La maîtrise du nord

Au cours des décennies précédentes, le roi Philippe avait étendu sa domination de la Macédoine jusqu'à la côte septentrionale de la mer Egée, en passant par la Thrace, un pays montagneux et froid.

A Philippes, au nord-ouest de l'île de Thasos, il s'empara des mines d'or qui allaient lui permettre de financer son expansion. Thasos était également célèbre pour ses vins et ses marbres. En 348, Philippe conquit la puissante cité d'Olynthe, en Chalcidique, puis la rasa : seules les fondations furent épargnées. Leurs ruines permettent aujourd'hui de comprendre comment les Grecs construisaient leurs maisons. ■

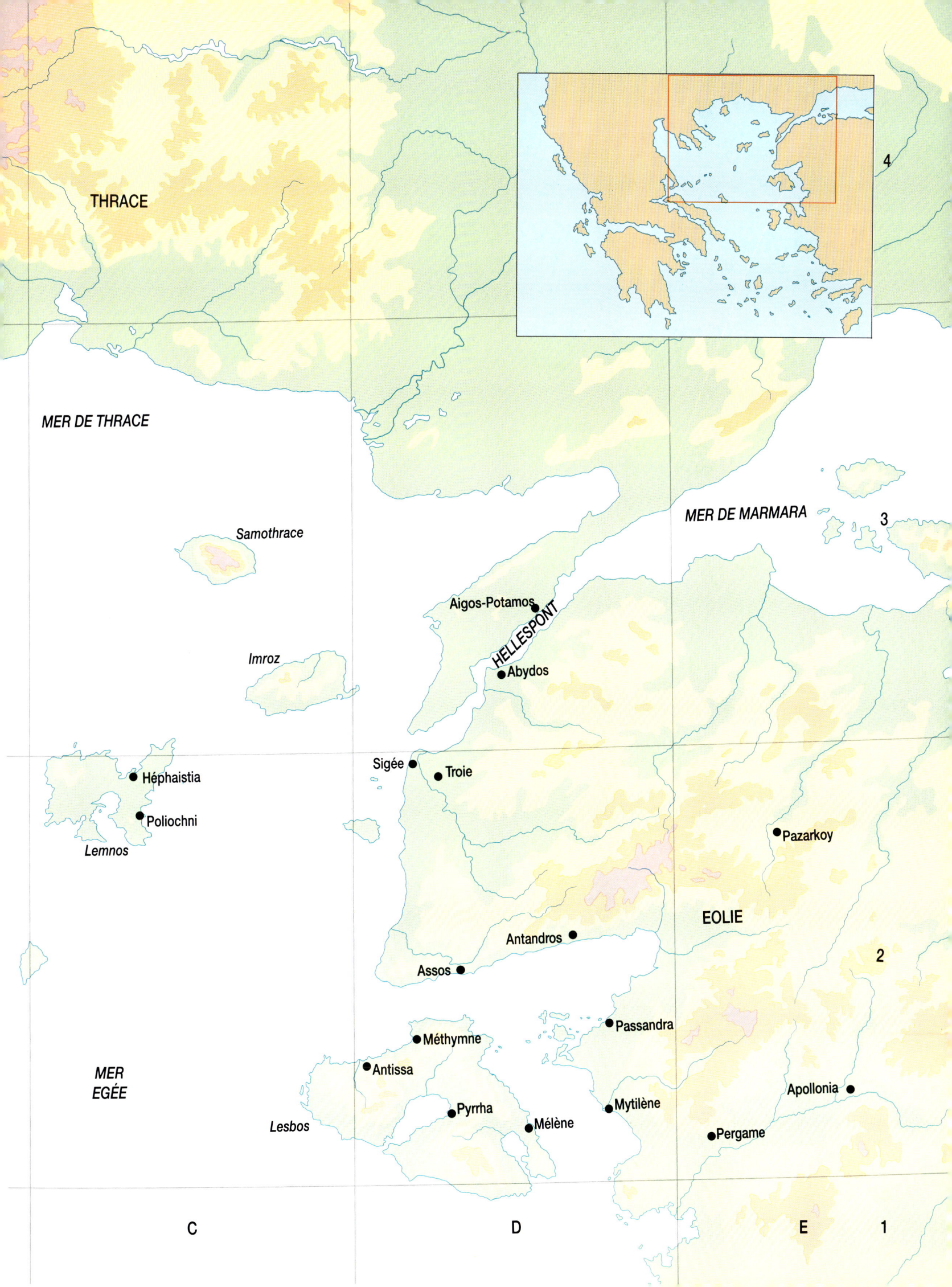

Le Sud-Est

Le continent grec est séparé des côtes d'Asie Mineure par un chapelet d'îles qu'une force d'invasion perse utilisa en 490 av. J.-C. comme autant de pierres de gué pour se lancer à l'attaque d'Athènes.

Les Ioniens d'Asie Mineure
La majeure partie de la côte d'Asie Mineure était connue des Grecs sous le nom d'Ionie. Les Grecs de cette région constituaient l'un des peuples les plus créatifs qui aient jamais existé. Leurs idées eurent une grande influence, non seulement sur l'histoire de la Grèce, mais sur celle de l'humanité entière. Le mathématicien Pythagore était originaire de Samos. La philosophie fut inventée en Ionie par des hommes tels qu'Anaximandre, né à Milet, et Xénophane, originaire de Colophon. Hérodote d'Halicarnasse fut le premier à rédiger un grand ouvrage historique.

Le caractère méditatif des Ioniens résultait en partie de leur situation géographique. A son apogée, au VIe siècle et au début du Ve siècle av. J.-C., l'Ionie était très proche de l'Empire perse : elle en fit même partie pendant un certain temps. Comme la plupart des Grecs, les Ioniens vivaient sur la côte ou à faible distance de celle-ci, mais leurs voisins de l'est étaient des peuples non-hellènes, sujets de la Perse. Le commerce fit entrer les Ioniens en contact avec certaines des cultures les plus développées de l'époque, comme celles de l'Egypte et de la Babylonie. Par leurs échanges avec ces civilisations étrangères, ils furent amenés à se poser des questions fort utiles. Pourquoi la religion grecque était-elle si différente des religions étrangères ? En quoi leur système politique différait-il de celui de la Perse ?

Il est tout à fait possible que Pythagore se soit inspiré des Babyloniens pour certaines de ses idées mathématiques. Quant à Anaxagore, premier philosophe grec à expliquer correctement le phénomène des éclipses, il reprit probablement les idées des astronomes assyriens.

Les communautés insulaires
La Perse perdit la maîtrise des côtes ioniennes peu après 479 av. J.-C. Dès lors, et jusqu'en 405, la flotte athénienne domina la région. Les plus importantes communautés insulaires de l'Empire athénien étaient celles de Samos, Chio et Lesbos. Les îles rebelles, comme Naxos, durent payer un lourd tribut à Athènes après que leur soulèvement eut été écrasé et se virent contraintes d'abandonner une grande partie de leurs terres aux colons athéniens. ■

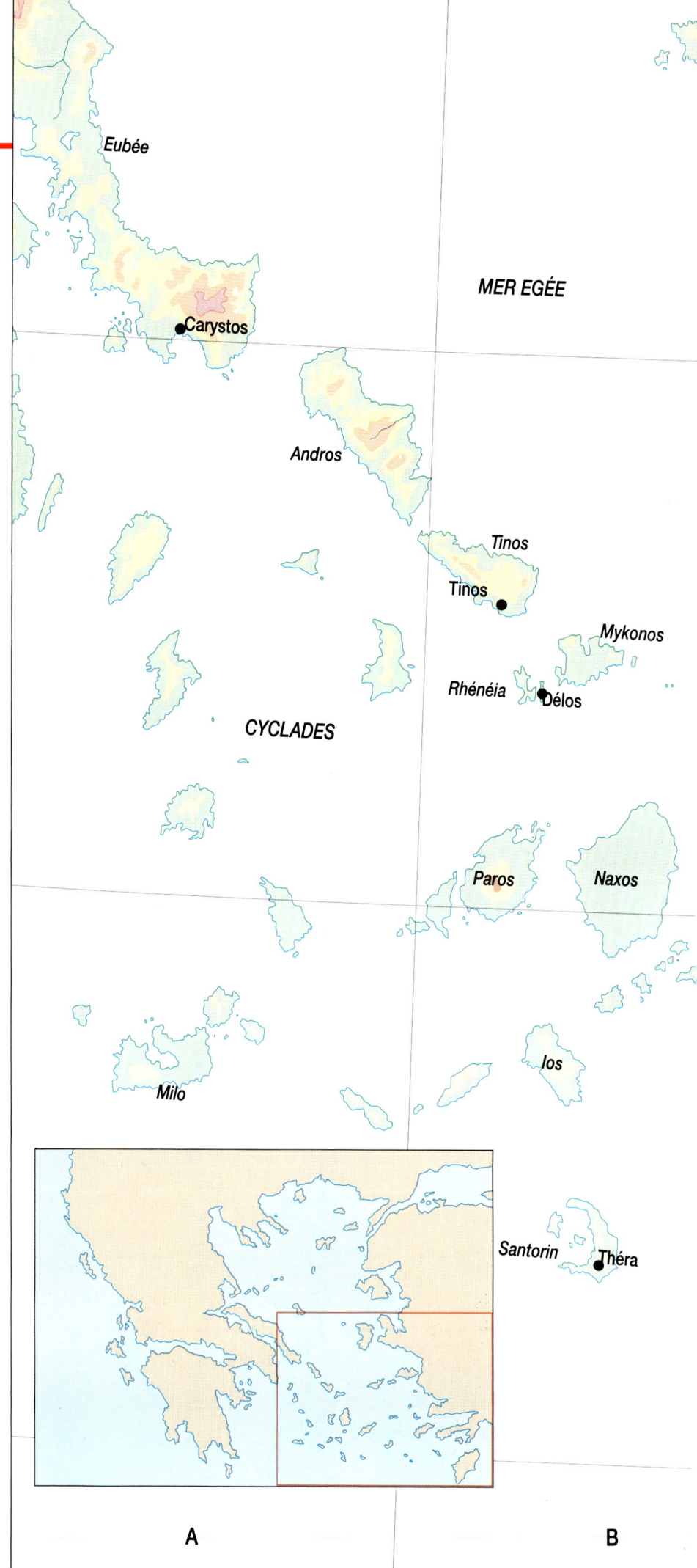

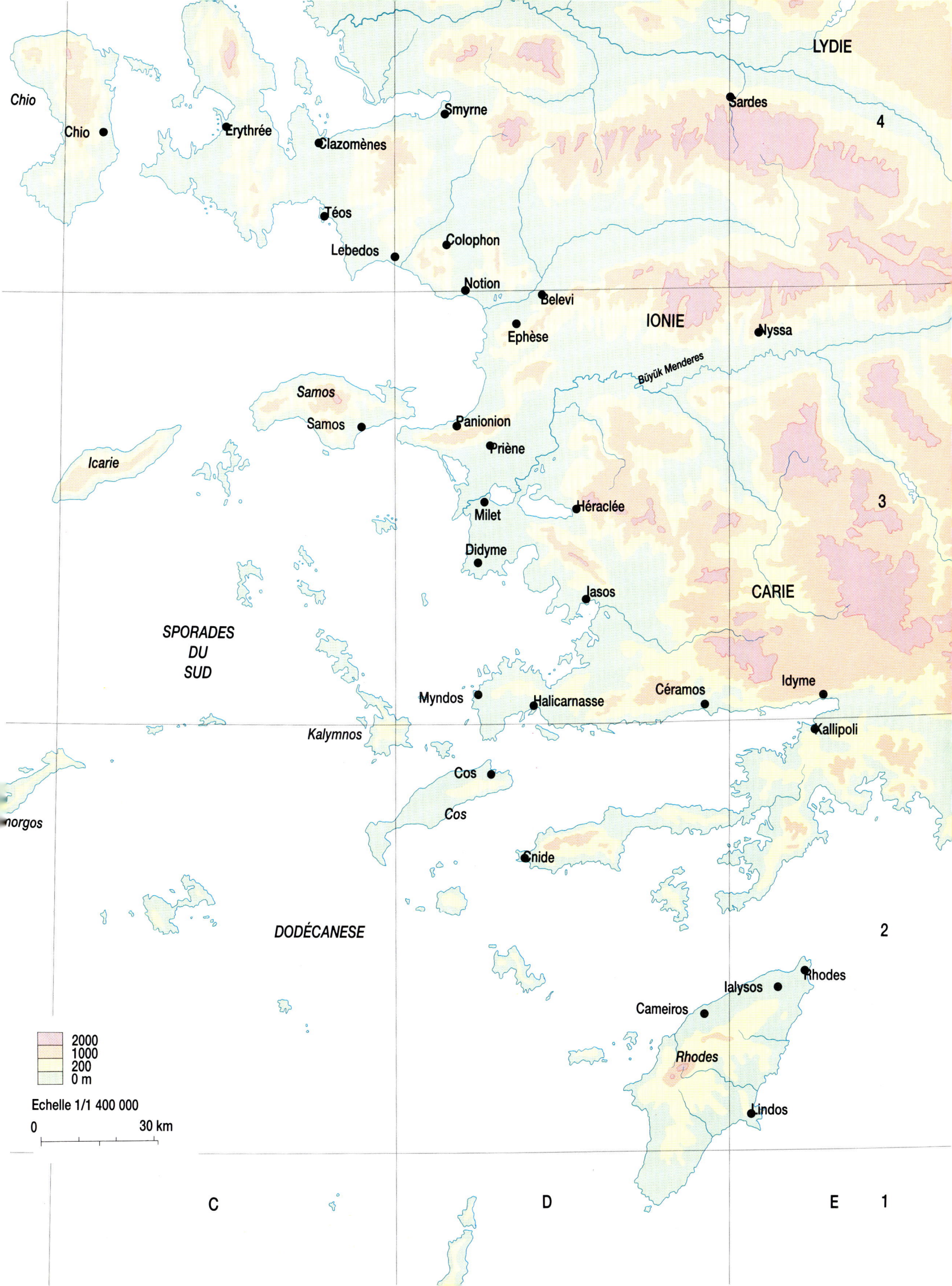

La Richesse des Iles : Cnossos et Santorin

Cnossos, en Crète, fut l'une des premières cités du monde occidental. Au temps de sa splendeur, entre 1900 et 1400 av. J.-C., des centaines de petites maisons à deux étages s'entassaient le long de ruelles étroites. Cnossos commerçait avec l'Egypte et la Syrie par l'entremise de son port, Amnisos, situé à une trentaine de kilomètres de la cité. La population de Cnossos atteignit peut-être cent mille habitants, ce qui était énorme pour cette époque.

Le palais de Cnossos

Le palais de Cnossos ne fut pas construit selon un grandiose plan prédéterminé, mais par l'adjonction au fil du temps et des besoins de nombreuses salles supplémentaires. Réparties sur cinq étages, plus de 1200 pièces étaient desservies par de multiples corridors. Les murs étaient ornés de fresques. Certaines peintures montrent des Crétoises vêtues de robes à manches bouffantes et à volants, échancrées très bas

La ville moderne de Théra (Santorin) est bâtie au bord du volcan. Un remarquable site de l'âge du bronze se trouvait de l'autre côté de l'île, à Akrotiri.

Deux jeunes pugilistes, peints sur les murs de Santorin. Leur attitude laisse supposer l'existence de règles strictes régissant le combat.

Une aile du palais de Cnossos, partiellement restaurée. La mythologie grecque s'empara de la légende du roi de Crète Minos et du Minotaure, monstre à corps humain et tête de taureau. Les découvertes archéologiques récentes ont permis de souligner la place que les taureaux, symboles de fertilité, occupaient dans la vie et l'art crétois.

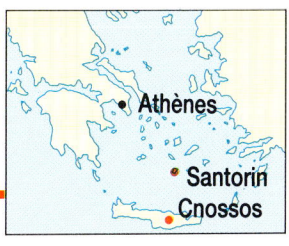

La fresque des Antilopes.
Les motifs animaliers sont courants dans la peinture de Santorin.

sur le devant pour dévoiler la poitrine. Les femmes sont très souvent représentées sur ces fresques : à tel point qu'on peut leur prêter un rôle et une influence prépondérants dans la société crétoise.

Les ruines de Santorin

Santorin, la Théra antique, est une île volcanique du sud de la mer Egée, située non loin de la Crète. Les fouilles qui y ont été entreprises depuis 1967 ont permis de mettre au jour les vestiges de belles maisons datant de 1500 av. J.-C., ornées de magnifiques peintures murales dans le style de la Crète minoenne. Peu après leur construction, ces maisons furent ensevelies par les laves lors d'une grande éruption volcanique.
Les remarquables fresques de Santorin retracent une histoire cohérente. De longs vaisseaux de guerre aux dais richement colorés partent pour une expédition. Les assaillants atteignent une ville du littoral et prennent le meilleur sur ses défenseurs qui comptent alors plusieurs noyés. Dans la ville ennemie, on peut voir des femmes et des animaux, dont la capture constituait probablement l'objectif de l'expédition. De retour dans leur cité, les guerriers (dont certains arborent un casque muni de défenses de sanglier) sont accueillis par une foule d'hommes, tandis que les femmes observent la scène du haut d'un toit en terrasse. Ce récit pictural d'une expédition navale, où les personnages féminins jouent un rôle important, est assez proche des légendes homériques plus tardives relatant les exploits de guerriers mycéniens : eux aussi s'aventurent en mer pour aller combattre et capturer la belle Hélène à Troie. ■

Les Palais du Continent : Mycenes et Pylos

L'archéologie de la Grèce semble s'intéresser davantage aux riches qu'aux plus pauvres des hommes de l'Antiquité. La raison en est simple : les possessions des premiers étaient beaucoup plus durables que celles des seconds. Ainsi, les citoyens aisés vivaient dans de grandes demeures de pierre et leurs femmes portaient des bijoux en or, tandis que les pauvres occupaient de petites maisons de boue séchée et se paraient de fleurs. Si les archéologues peuvent mettre au jour des ruines de pierre et des objets en or, les murs de boue et les colliers de fleurs ont bien sûr disparu.

A Mycènes et Pylos, les princes grecs possédaient les trésors les plus importants que la Grèce eût jamais connus. Le nombre des objets magnifiques qui ont survécu aux siècles est tel que l'on peut imaginer la splendeur dont s'entouraient ces hommes. Pour retrouver la trace des pauvres du monde mycénien, il faut se rappeler que les palais et les trésors furent créés par d'humbles artisans et artistes.

Les richesses de Mycènes

Mycènes se dressait sur une colline, dans le nord-est du Péloponnèse. De leur palais, les maîtres de la ville pouvaient surveiller leurs sujets qui vivaient au pied des remparts. Une route menait vers un port naturel par lequel transitaient le cuivre, l'étain, l'or, l'ambre, l'ivoire et le papyrus, matériaux qui servaient à fabriquer les armes de bronze, les bijoux, les sculptures et les documents écrits. Proche de la mer, Mycènes était idéalement placée pour commercer et pour armer une flotte de guerre.

Dès le XVIIe siècle av. J.-C., les artisans utilisaient l'or pour façonner les masques funéraires de leurs princes : même après la mort, ceux-ci présentaient un visage élégant qui brillerait à jamais. D'autres artistes étaient passés maîtres dans la représentation des courbes, comme en témoignent les lionnes qui surmontent la célèbre porte de Mycènes et les personnages féminins sculptés dans l'ivoire. Les toits de pierre des gigantesques tombeaux dans lesquels reposaient les derniers princes mycéniens étaient également incurvés.

Le port de Pylos

Pylos, ville du sud-ouest du Péloponnèse, était elle aussi proche d'un port naturel, l'un des meilleurs de Grèce. Tout comme celui de Mycènes, le palais de Pylos comprenait des salles d'archives ; là étaient déposées les tablettes d'argile recouvertes d'inscriptions relatives à la distribution des denrées. De splendides objets ont été découverts à Pylos, dont des poteries et des ivoires ornementaux. ■

Ce dessin représente la porte des Lionnes, principale entrée du palais de Mycènes, telle qu'elle fut découverte par les archéologues du XIXe siècle. Après dégagement de la terre et des pierres, il est apparu que la porte était beaucoup plus haute que ne le laisse supposer ce croquis. Quant à l'épaisseur de la muraille, elle semble hors de proportion avec l'armement sommaire utilisé alors. Sans doute était-elle destinée à impressionner ceux qui en approchaient.

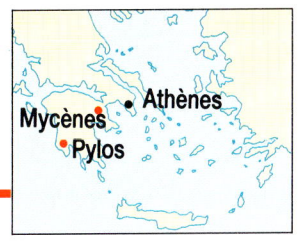

Cette figurine d'ivoire trouvée à Mycènes
fut sculptée au XIIIe siècle av. J.-C.
Les colliers et les robes des femmes sont de style minoen.

Ce récipient d'une grande simplicité est en bronze
(la culture mycénienne appartient à la fin de l'âge du bronze) ;
alliage de cuivre et d'étain, c'était alors le métal le plus résistant
pour fabriquer des armes et des outils.

Lorsque l'archéologue allemand Schliemann
trouva ce masque funéraire en or
dans l'une des sépultures royales de Mycènes,
il crut avoir découvert la tombe du légendaire Agamemnon.
Grâce aux progrès de la datation,
cette hypothèse semble aujourd'hui peu probable.

Cette fresque
montre un combat
opposant des soldats de Pylos
(qui portent des casques)
à des envahisseurs barbares
vêtus de peaux de bêtes.

Mythes sanglants

Les mythes grecs sont réputés pour leur violence. Parmi les plus célèbres, des récits de vengeance voient s'affronter les membres des familles les plus nobles (comme celle d'Atrée, roi de Mycènes) ; les divinités elles-mêmes interviennent parfois pour venger les morts.

Atrée et Thyeste
La femme d'Atrée avait eu une liaison avec Thyeste, frère du roi de Mycènes : Atrée tua les trois fils de Thyeste et les lui fit manger lors d'un banquet. Puis il apprit à son frère ce qu'il venait de consommer. Thyeste s'enfuit, mais il eut par la suite un autre fils, Egisthe, qui tua Atrée.

Agamemnon, Clytemnestre et Oreste
Les fils d'Atrée étaient Agamemnon et Ménélas, chefs des Achéens lors de l'expédition contre Troie. Afin de faire cesser les vents défavorables qui empêchaient sa flotte d'appareiller, Agamemnon sacrifia sa fille Iphigénie au courroux de la déesse Artémis. Ivre de ressentiment, Clytemnestre, femme d'Agamemnon et mère d'Iphigénie, prit pour amant Egisthe, l'assassin du père d'Agamemnon.

Après s'être couvert de gloire à Troie, Agamemnon, qui ignorait tout de cette liaison, rentra chez lui. Clytemnestre vint à sa rencontre, l'invita avec grâce à pénétrer dans le palais royal, puis l'assassina avec l'aide d'Egisthe. Un meurtre qui allait en susciter d'autres car Oreste, fils d'Agamemnon et de Clytemnestre, se devait de venger son père en tuant sa mère. C'est ce qu'il fit, avec l'aide de sa sœur Electre.

Cette monnaie représente la tête du héros Héraklès sortant des mâchoires du lion de Némée.

Electre lève sa hache pour tuer Clytemnestre, sa mère.

L'assassinat d'Agamemnon, représenté sur un vase grec. Dans cette version, c'est Egisthe qui porte les coups mortels, encouragé par Clytemnestre.

Récits monstrueux et magiques : *L'Odyssée*
Ulysse (*Odysseus*) était un allié d'Agamemnon. *L'Odyssée* relate les voyages du héros que le mauvais sort fit s'égarer de rivage en rivage au retour de la guerre de Troie. Certains de ses hommes furent dévorés par un monstre n'ayant qu'un œil, le Cyclope, d'autres furent engloutis par le tourbillon Charybde ou changés en animaux par la magicienne Circé. Ulysse poursuivit sa route, dans l'espoir de retrouver sa femme, Pénélope, qui attendait patiemment son retour à Ithaque.

Après avoir été retenu pendant dix ans chez la

Aidé par la déesse Athéna (à gauche), Persée tue la Gorgone. D'une main le héros saisit la tête hérissée de serpents du monstre, tandis que de l'autre il lui tranche la tête.

Le mortel Penthée, roi de Thèbes, s'opposa au culte de Dionysos. Pour se venger, les nymphes du cortège de Dionysos, les Ménades, ("les furieuses") le taillèrent en pièces.

nymphe Calypso, Ulysse retrouva son île et reconquit sa femme en massacrant tous les prétendants à son trône.

Les héros mythiques Héraklès et Persée

Ces deux héros se distinguèrent en délivrant l'humanité de terribles monstres. Le lion de Némée dévorait hommes et bêtes, jusqu'au moment où Héraklès (Hercule pour les Romains) l'étrangla à mains nues. Il se fit un vêtement de la peau du fauve et un casque de sa tête. Il tua également l'hydre de Lerne, serpent monstrueux dont le souffle empoisonnait la région et dont les nombreuses têtes réapparaissaient aussitôt après avoir été coupées. Héraklès trancha les têtes et brûla les cous pour les empêcher de repousser.
Persée, quant à lui, reçut pour tâche de tuer Méduse la Gorgone, un monstre qui pétrifiait ceux qui rencontraient son regard. Il se servit d'un bouclier poli pour trancher la tête de Méduse sans la regarder directement. Il sauva également la belle Andromède qui était enchaînée à un rocher, livrée en pâture à un monstre marin. Persée tua le monstre et épousa Andromède. ∎

Dieux et Déesses de l'Olympe

Les aventures des dieux et déesses de la Grèce ancienne, dieux qui s'éprennent de mortelles ou déesses qui interviennent dans les luttes humaines sont de nos jours racontées par plaisir. Les Grecs se divertissaient eux aussi de ces récits et les conteurs de l'Antiquité ne manquaient pas d'ajouter mille détails lorsqu'ils narraient les exploits des divinités. Pourtant, ils se devaient de manifester un certain respect car lorsqu'ils étaient offensés, les dieux pouvaient infliger de terribles châtiments aux humains.

Hermès, messager des dieux, lace ses sandales ailées et s'apprête à quitter l'Olympe en volant dans les cieux.

Le mont Olympe, au nord-est de la Grèce, culmine à plus de 2900 mètres. *L'Iliade* et *L'Odyssée* en font le séjour des dieux, qui vivaient dans le luxe d'un palais aux planchers de bronze.

Une explication du monde physique

Le surnaturel était utilisé pour expliquer des phénomènes que l'on ne comprenait pas pleinement. *Pourquoi les nuages sombres apportaient-ils la pluie, le tonnerre et la foudre ?* Un dieu devait être à l'œuvre dans les cieux : Zeus. *Pourquoi les cultures ne poussaient-elles pas en hiver ?* Sans doute la déesse des Moissons, Déméter, se lamentait-elle de l'absence de sa fille Perséphone. *Pourquoi certaines femmes mouraient-elles en couches ?* La déesse Artémis leur lançait certainement des flèches invisibles. De même, chaque cité comptait sur l'appui de sa divinité protectrice pour s'assurer sécurité et prospérité.

Des dieux et des hommes

Pour les Grecs anciens, une façon simple de se représenter les forces naturelles consistait à les comparer avec les humains les plus puissants de leur temps : les princes et les aristocrates. Ceux-ci étaient presque toujours des hommes, d'où l'aspect masculin des plus importants des dieux : Zeus, Poséidon et Hadès. Les princes aimaient vivre dans des palais installés sur des collines, d'où ils pouvaient en toute sécurité dominer leurs sujets. De la même manière, dieux et déesses vivaient et régnaient au sommet de l'imposant et mystérieux mont Olympe, au cœur des nuages. Les aristocrates étaient souvent de haute taille : les divinités étaient grandes elles aussi. Zeus et sa fille Athéna furent représentés par des statues hautes de plus de douze mètres.

Dans leur palais sur l'Olympe, dieux et déesses se divertissaient et festoyaient comme le faisaient les princes humains. Ces derniers avaient des liaisons avec des femmes de rang inférieur : les dieux se comportaient de même. Les amours de Zeus et de son fils Apollon avec des mortelles étaient innombrables. La liberté des déesses en ce domaine était beaucoup plus restreinte, ce qui reflétait encore la vie

Zeus, maître des Cieux, semble ici plus sévère que ne le montre *L'Iliade*.

La grande statue d'Athéna qui se dressait dans le Parthénon a aujourd'hui disparu, victime des pillards qui convoitaient son or et son ivoire. Cette copie de plus petite taille date de l'époque romaine.

Poséidon, dieu des Mers et des Tremblements de Terre (deux choses fort importantes en Grèce), reconnaissable à son trident.

Artémis, déesse de la Lune et de la Chasse, vivait dans les forêts et protégeait les bêtes sauvages. Au contraire de son frère jumeau Apollon, elle était vierge.

réelle : une femme de noble extraction qui s'éprenait d'un homme de naissance plus humble aurait été frappée de disgrâce.

Si les nobles imaginaient volontiers les dieux à leur image (plus puissants, il est vrai), de nombreux Grecs du peuple priaient pour qu'il en aille autrement. Hésiode, poète et paysan, imaginait Zeus défendant les pauvres contre l'injustice des puissants. Le philosophe Xénophane protesta contre l'idée selon laquelle Zeus aurait été un aristocrate quasi humain. Pour lui, les divinités n'étaient *"certainement pas semblables aux hommes, que ce soit par le corps ou par l'esprit"*, et les poètes se trompaient qui montraient les dieux en train de tricher, de voler et de nouer des liaisons amoureuses. Les humbles Grecs de la période classique voyaient toujours en Zeus le maître du Ciel et de la Foudre, mais voulaient croire qu'il protégeait volontiers les faibles en frappant les méchants. ■

Delphes et l'Oracle d'Apollon

Ceux que l'avenir préoccupe se tournent souvent vers la magie. L'astrologie est parfois utilisée de cette manière, et ce, même par des personnages fort importants. Les Grecs de l'Antiquité posaient leurs questions aux dieux. En échange d'une offrande faite aux prêtres, Zeus ou Apollon dévoilaient l'avenir. L'oracle le plus réputé pour ses prophéties était situé à Delphes, dans les montagnes du centre de la Grèce qui dominent de lointaines vallées et la mer. Deux autres oracles particulièrement célèbres étaient plus éloignés encore des grandes cités : l'un à Dodone, au nord-ouest, et l'autre dans le désert d'Afrique du Nord. Les Grecs croyaient depuis longtemps que les dieux vivaient très loin et très haut, sur le mont Olympe et dans les cieux ; aussi la situation isolée et élevée de Delphes en faisait-elle un lieu propice aux manifestations surnaturelles.

Comment s'exprimait l'oracle

Les plus humbles des Grecs pouvaient consulter l'oracle pour une somme modique. Des documents retrouvés à Dodone permettent de deviner le genre de questions qu'ils posaient alors : *Vais-je devenir pêcheur ? Dois-je élever des moutons ? Puis-je me marier ? Suis-je le père de l'enfant que porte ma femme ?* De telles questions appelaient une réponse simple : oui ou non.

Lorsqu'une cité interrogeait l'oracle de Delphes, elle devait sans doute payer beaucoup plus. La réponse devait être détaillée et si par la suite elle s'avérait fausse, le dieu du sanctuaire s'exposait à la perte de sa réputation et les prêtres au déclin de leurs affaires. C'est pourquoi Delphes devint célèbre pour ses réponses ambiguës.

Lorsque la grande force d'invasion perse approcha de la Grèce, Delphes conseilla aux Athéniens d'évacuer leur cité, ce qui était judicieux ; mais l'oracle prédit également que les Athéniens ne conserveraient qu'un "mur de bois". S'agissait-il des vaisseaux de guerre d'Athènes, qui étaient évidemment en bois, ou d'une palissade ? Ce doute savamment entretenu permettait de sauvegarder la réputation de l'oracle. Si les Athéniens s'en étaient remis à leur flotte et avaient été vaincus, les Delphiens auraient pu prétendre que le "mur de bois" ne désignait pas les navires.

L'auteur des prophéties de Delphes était le dieu Apollon. Ses oracles étaient rendus par l'entremise d'une prêtresse : la Pythie. Qui était en vérité responsable de la formulation des prophéties ? Celles-ci étaient le plus souvent exprimées sous forme de vers fort compliqués. On prétendait que la Pythie n'avait reçu aucune éducation. Etait-ce elle qui inventait ces oracles ? Les Delphiens préféraient maintenir le mystère : les oracles étaient dus au seul dieu ! ∎

Delphes, site perdu dans les montagnes où un dieu parlait aux humains. Au premier plan se dressent les colonnes restaurées du temple d'Apollon.

Assise sur un trépied sacré, la Pythie, prêtresse d'Apollon, rend un oracle. Un mur la sépare du consultant, car nul homme n'avait le droit de l'apercevoir

Olympie, Site des Jeux

A Olympie, dans le nord-ouest du Péloponnèse, se dressait le plus célèbre sanctuaire de Zeus. Située au confluent de deux rivières, Olympie appartenait au territoire d'Elis, une cité de moyenne importance. Ceci incita les autres Etats à déposer des trésors dans le sanctuaire et à accroître le prestige d'Elis, qui n'était pas un rival potentiel. "Vitrine" du monde grec, Olympie en vint à assumer des fonctions tant politiques que religieuses.

Le temple et la statue de Zeus

Une petite colline du site avait reçu le nom du père de Zeus, Cronos. Au Ve siècle av J.-C., un grand temple fut bâti non loin de là en l'honneur de Zeus. Peu après sa construction, les habitants de l'Elide apprirent que Phidias avait érigé à Athènes une statue d'or et d'ivoire représentant Athéna ; ils voulurent eux aussi avoir leur œuvre. Phidias fut engagé pour sculpter une immense statue de Zeus, qui bientôt prit place à l'intérieur du temple olympien. Des traces de l'atelier du sculpteur ont été récemment découvertes à Olympie, notamment une coupe sur laquelle est inscrit : *"J'appartiens à Phidias"*.

L'origine des Jeux

Organisés pour la première fois en 776 av. J.-C., les jeux Olympiques se tenaient tous les quatre ans. Manifestation dédiée à Zeus, leur but n'était pas seulement religieux. Certaines sculptures du temple de Zeus indiquent l'âpreté des compétitions qui se déroulaient à Olympie. On y voit par exemple la course de chars mythique qui aurait été à l'origine des Jeux.

Oinomaos, roi d'une ville voisine, avait une fille du nom d'Hippodamie. Il déclara qu'il ne la donnerait en mariage qu'à un homme capable de le vaincre lors d'une course de chars. Tous les prétendants qui échouaient étaient tués par le roi, d'un coup de javelot dans le dos. Leur tête était ensuite tranchée et exposée. Les chevaux du roi ayant des facultés surnaturelles, la tuerie menaçait de durer. Pourtant, Hippodamie s'éprit de l'un de ses prétendants, Pélops : elle fit en sorte que le char de son père soit saboté. Une sculpture, conservée au musée d'Olympie, montre Oinomaos et Pélops juste avant le départ de l'épreuve au cours de laquelle l'essieu du char royal se rompit : Oinomaos fut tué par Pélops.

Les Jeux attiraient à Olympie des foules venues de tout le monde grec, ce qui permettait d'y vanter ses exploits. Les athlètes victorieux faisaient dresser des statues à leur propre gloire. Diverses cités exposaient leurs trésors à Olympie pour faire connaître leurs succès, qui n'étaient pas tous athlétiques. Athènes rappelait à l'envi sa victoire de Marathon, en présentant le casque de Miltiade, commandant des troupes victorieuses (ce casque est aujourd'hui au musée d'Olympie). De même, après avoir conquis la majeure partie de la Grèce, dans les années 330 av. J.-C., Philippe de Macédoine (père d'Alexandre le Grand) fit construire à Olympie un édifice destiné à accueillir plusieurs statues des membres sa famille. ∎

Les vainqueurs des Jeux ajoutaient à leur propre gloire en offrant des présents dédicatoires à Zeus. Sur ce bol en or, qui date d'environ 600 av. J.-C., sont inscrits les noms des fils du tyran de Corinthe.

Les sculptures qui ornaient le temple de Zeus rappelaient des mythes pleins de violence. Lors des noces de Pirithoos, ce centaure ivre enleva une jeune femme : il fut bientôt tué.

Le site d'Olympie (au centre) est plat et relativement luxuriant. La colline boisée (à gauche) n'est autre que le mont Cronos. La palestre, se trouvait à droite, sur la rive du fleuve.

Plan d'Olympie.
Les courses à pied se disputaient dans le stade (à droite), les combats de lutte avaient lieu dans la palestre (à gauche).

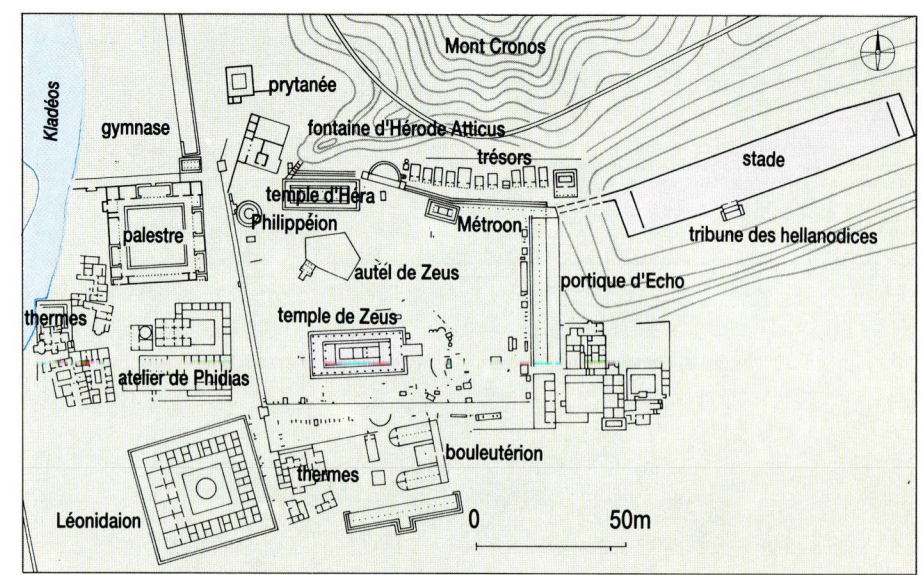

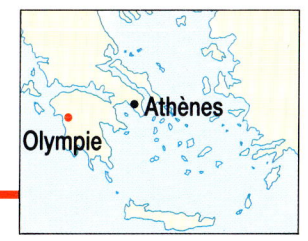

Ces colonnes du temple de Zeus furent détruites au VIe siècle par un tremblement de terre. Les énormes pierres taillées étaient jointes au moyen de pièces de métal passant par des trous creusés dans le centre de chaque bloc.

Les Jeux Olympiques

Le monde grec était composé d'innombrables petits États indépendants qu'opposaient des rivalités pouvant parfois mener à la guerre. Il n'existait pas de gouvernement central, pas de capitale de la Grèce. Pourtant, tous les quatre ans, les hostilités s'interrompaient : une trêve spéciale était déclarée qui permettait aux Grecs de se rendre à Olympie pour participer ou assister aux Jeux.

Les compétiteurs venaient parfois de très loin, de colonies telles la Gaule ou le sud de la Russie par exemple, mais ils devaient tous être Grecs par la langue et par l'ascendance. Seuls les hommes pouvaient s'inscrire aux Jeux, auxquels ils participaient nus. Les femmes n'avaient pas même le droit d'assister aux compétitions. Seule, la prêtresse de Déméter était invitée à Olympie. On raconte pourtant qu'une mère s'était déguisée en homme et avait ainsi pu voir son fils remporter la victoire.

Les épreuves

Les Jeux comportaient de nombreuses épreuves d'adresse et de force viriles. Plusieurs disciplines avaient une origine guerrière : lancer du javelot ou du disque, courses de chars, voire même pugilat et lutte. Les pugilistes se protégeaient les mains de lanières de cuir : le combat se poursuivait même lorsque l'un des adversaires était à terre. Les arbitres du féroce pancrace (combat qui combinait la lutte et le pugilat à mains nues) éprouvaient toutes les difficultés à empêcher les combattants de mordre ou d'éborgner leurs adversaires.

Les récompenses

Celui qui remportait une épreuve ne recevait pas de médaille d'or, mais une simple couronne de feuilles. Pourtant, la compétition était intense. On pense parfois que les Grecs prenaient part aux jeux Olympiques pour le seul amour du sport, ce qui est loin de la vérité. Les vainqueurs bénéficiaient d'une gloire extraordinaire et étaient invités à des fêtes somptueuses. Ils pouvaient épouser la jeune fille de leur choix, souvent une aristocrate richement dotée. Orgueil de leur cité, ils étaient parfois dispensés de payer les impôts.

Si les athlètes d'une cité remportaient de nombreuses victoires, les autres Grecs en venaient à croire que cette cité formait sans doute de très bons guerriers. Si une autre remportait les courses de chars et de chevaux, fort onéreuses, on pouvait penser qu'elle était suffisamment riche pour soutenir une guerre. Ainsi, bien qu'ils s'accompagnent d'une trêve, les Jeux étaient l'occasion de mettre en œuvre une propagande toute guerrière.

Tricheries et sanctions

L'enjeu était si important que de nombreux compétiteurs trichaient. S'ils étaient surpris, ils s'exposaient à des sanctions. Celui qui mordait, tentait de blesser les yeux de son adversaire ou essayait de corrompre l'arbitre devait élever à Zeus une statue de bronze où son nom était inscrit : une telle attitude entraînait donc des dépenses et la honte, ce qui était tout le contraire de ce que recherchaient les participants. ■

Quatre des principales disciplines olympiques.
1. Saut en longueur
2. Lancer du javelot
3. Lancer du disque
4. Lutte
Les participants étaient nus, sauf pour une course qui se pratiquait en portant le lourd équipement de l'hoplite

Cette statue de bronze représente un jeune cavalier
juché sur sa monture victorieuse.
La gloire qui émanait
d'une victoire dans les disciplines hippiques des jeux d'Olympie
allait aux propriétaires des chevaux
plutôt qu'aux cavaliers ou aux conducteurs de chars.

Ce jeune homme semble s'entraîner
avec les poids spéciaux utilisés au saut en longueur.
La forme de ces poids était soigneusement étudiée
pour procurer à l'athlète un bon équilibre.

La ligne de départ
des courses à pied,
au stade d'Olympie.
Les sillons creusés
dans la pierre évitaient
aux coureurs de glisser
au moment où ils s'élançaient.

L'arche de l'entrée du stade.
Elle permettait aux athlètes
de faire une arrivée
soudaine et spectaculaire.

Ces deux hommes nus
s'opposent en un combat
de pancrace.
Les ruses
et les coups irréguliers
étaient monnaie courante.

ATHÈNES, LA CITÉ RADIEUSE

Lorsque les envahisseurs perses furent forcés de quitter Athènes en 479 av. J.-C., leur colère se déchaîna contre les édifices de la cité. Les Athéniens, qui avaient dû s'enfuir pendant une année, trouvèrent à leur retour la ville dévastée. Pourtant, en moins de cinquante ans, Athènes redevint la perle de la Méditerranée, qui brillait de l'éclat de ses temples de marbre et de ses statues d'or et de bronze. Comment cette renaissance s'était-elle déroulée ?

La reconstruction de la cité

Athènes avait besoin d'un grand mur circulaire afin de pouvoir se défendre contre toute nouvelle tentative d'invasion. Les femmes et les enfants se joignirent aux hommes et tous travaillèrent très rapidement. Ils parvinrent à élever le mur avant que les Spartiates ne pussent les en empêcher. L'historien d'Athènes Thucydide rapporte que même les

Le temple de la Victoire, construit à la fin du Ve siècle. Beaucoup plus petit que le Parthénon, il se dresse près des Propylées, porche monumental à l'entrée de l'Acropole.

L'Acropole et le cœur de l'Athènes antique. Près de l'Acropole se dressent la Pnyx (colline aménagée pour recevoir l'assemblée des citoyens), le théâtre de Dionysos et l'Aréopage (autre colline où se tenait le tribunal criminel).

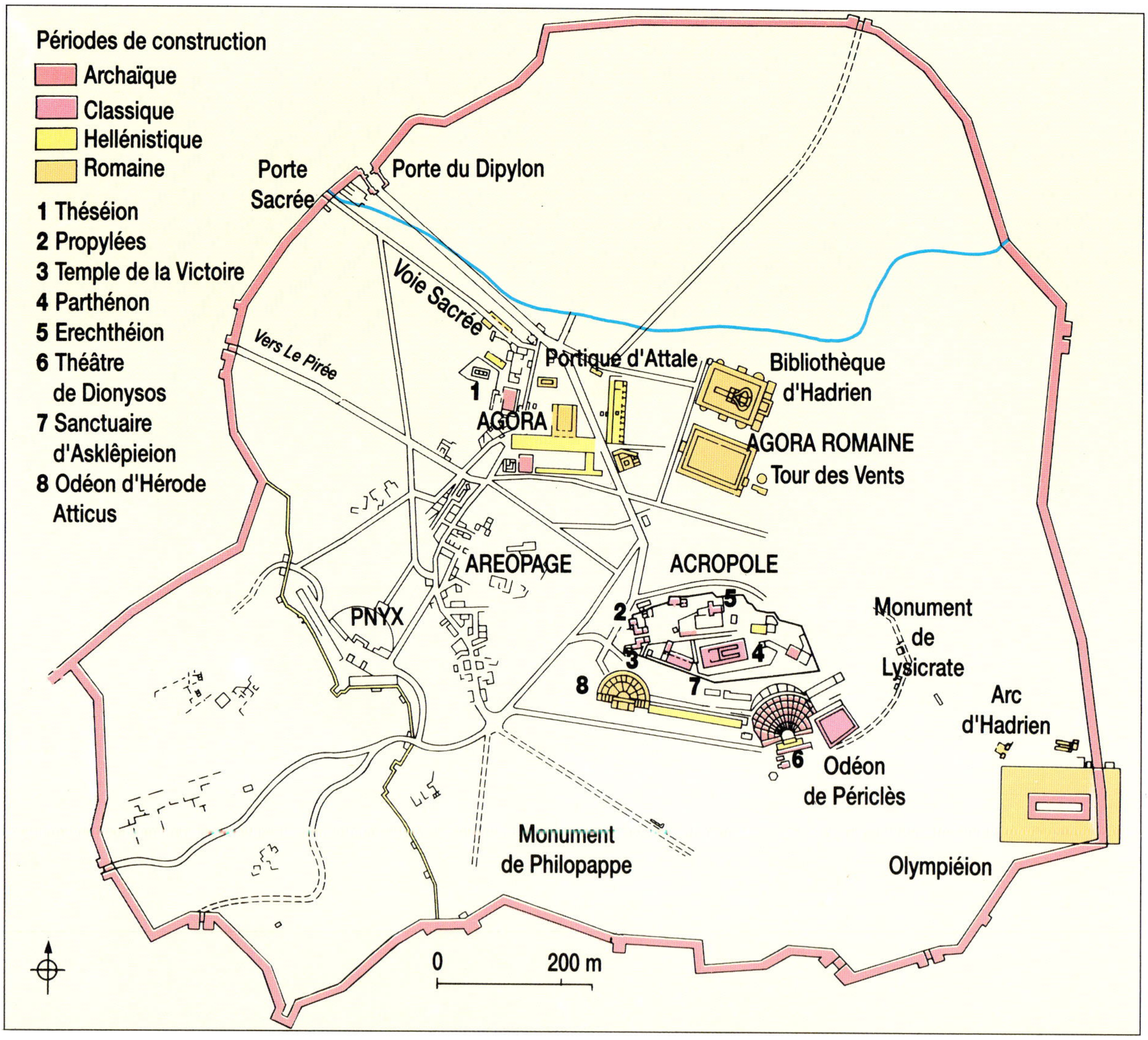

Athéna, déesse de la Sagesse, de la Guerre et protectrice d'Athènes. Elle naquit tout armée de la tête de son père Zeus.

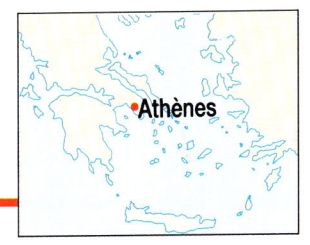

ouvrages de pierre ornementaux furent utilisés dans la construction de la muraille, ce que les fouilles archéologiques ont confirmé.

Le brillant politicien athénien Thémistocle parvint à endormir la suspicion des Spartiates jusqu'à ce que le mur fût bâti. Il aurait toutefois préféré que la nouvelle cité soit construite non pas à Athènes mais au port du Pirée, à quelque huit kilomètres de là. Il savait que la force principale des Athéniens reposait sur leur flotte et que la ville était en grande partie ravitaillée par mer. Thémistocle craignait qu'une armée d'invasion n'investisse Athènes et ne coupe tout accès à la mer. Si les Athéniens s'installaient près du port, ce danger serait écarté.

Les "longs murs"

Les habitants d'Athènes ne voulurent pas quitter les abords de l'Acropole : ils avaient grandi au pied du rocher, l'avaient gravi pour participer à de splendides fêtes. Ils avaient aussi aménagé à son sommet le plus sacré des sanctuaires d'Athéna, divinité tutélaire de la cité. Ayant décidé de rester sur place, ils trouvèrent un autre moyen pour empêcher que la ville ne soit isolée. Un mur fut construit pour défendre le Pirée puis, au début des années 450, deux remparts parallèles élevés du Pirée à Athènes : ce couloir (les "longs murs") permit aux Athéniens et à leurs marchandises de voyager en toute sécurité entre le port et la ville.

L'Acropole, symbole d'Athènes

L'embellissement de l'Acropole fut entrepris au début des années 440 et financé en grande partie par le trésor de la ligue de Délos. Les ruines que les Perses avaient laissées derrière eux furent dégagées et remplacées par de nouveaux édifices bâtis autour d'un temple de marbre dédié à Athéna : le Parthénon. Il fut si bien construit que la majeure partie du temple subsiste encore près de vingt-cinq siècles plus tard.

Pour les autres Grecs, les coûteux programmes de construction entrepris par Athènes reflétaient la puissance de la cité. Si les Athéniens pouvaient consacrer autant d'argent à l'architecture, ils devaient disposer de bien plus encore pour la guerre. Les monuments constituaient de véritables œuvres de propagande et attiraient vers la ville de nombreux visiteurs. Des hommes illustres vinrent s'établir dans Athènes reconstruite : Anaxagore, qui le premier comprit le phénomène des éclipses, ou Aristote, qui vint étudier à l'Académie de Platon. ∎

Les Propylées (ou portes) de l'Acropole, dont la construction commença en 437. Aucune autre cité ne dépensa autant d'argent pour élever une porte : celle-ci était aussi célèbre que le Parthénon.

Le toit du Parthénon a été détruit en 1687 par l'explosion d'une poudrière. Lorsque l'édifice était neuf, son marbre étincelant se voyait de très loin.

L'Acropole, Joyau d'Athenes

Les colonnes employées dans les temples grecs appartiennent à trois ordres architecturaux : l'ordre dorique, le plus ancien et le plus simple (Parthénon), l'ordre ionique, au chapiteau à volutes (temple de la Victoire) ; l'ordre le plus élaboré est le corinthien, au chapiteau à acanthes.

Dorique Ionique Corinthien

Le Parthénon (en haut) contenait la statue d'Athéna, en or et en ivoire. Celle d'Athéna Promachos se dressait en plein air. Le temple en forme de "L" (à l'extrême gauche) est l'Erechtéion, qui abritait la plus sacrée de toutes les statues. A côté du temple de la Victoire (en bas à droite) s'élevaient les Propylées, portes monumentales de l'Acropole.

Le site de l'Acropole, "ville haute" d'Athènes, fut d'abord une citadelle avant d'être choisi pour accueillir des édifices religieux. Les demeures de la déesse Athéna se devaient d'occuper une position élevée qui commandait les plus beaux panoramas. L'Acropole constituait en outre un cadre merveilleux pour les fêtes en plein air qu'appréciaient les Athéniens. Aux jours de cérémonie, les femmes, les hommes et les enfants mettaient leurs plus beaux habits pour gravir les pentes du rocher, au sommet duquel on sacrifiait des animaux. La viande était alors distribuée gratuitement à tous, ce qui était un grand luxe dans un pays pauvre en pâturages.

L'opposition au nouveau monument

Le Parthénon était le plus vaste édifice de l'Acropole. Sa construction fut décidée par Périclès et menée à bien, entre 447 et 432 av. J.-C., sous la direction de Phidias. Certains hommes politiques conservateurs s'opposèrent à ce grand projet, en déclarant que le Parthénon faisait d'Athènes une "femme trompeuse" : le nouveau temple était d'un blanc éclatant rehaussé de peintures aux couleurs vives ; les femmes s'appliquaient souvent du fard blanc, avec de petites touches de rouge, afin de paraître plus riches qu'elles ne l'étaient en réalité (les femmes de la haute société athénienne passaient la majeure partie de leurs journées à l'intérieur, de sorte que leur teint restait pâle). La véritable raison pour laquelle ces politiciens s'opposaient au programme de construction était la suivante : ils souhaitaient bâtir des édifices publics à leurs propres frais, afin de se voir attribuer tout le mérite et de gagner ainsi le soutien du peuple. Mais les monuments de l'Acropole étaient financés par les revenus de l'Empire athénien. En dépit de ces controverses, les travaux de construction se poursuivirent.

Les statues d'Athéna

Les adorateurs d'Athéna ne pénétraient pas dans le Parthénon pour s'y livrer à des sacrifices : ceux-ci avaient lieu à l'extérieur. A l'intérieur du temple se dressait une imposante statue de la déesse guerrière, à l'armure d'or et à la chair d'ivoire. Mais la statue la plus vénérée de toutes était une vieille et simple effigie de bois : pour l'accueillir fut bâti l'Erechtéion. Une troisième statue, celle d'Athéna Promachos, se dressait en plein air : elle était visible à des kilomètres de distance par les marins en mer. ■

Les Sculptures du Parthénon

Les vestiges de nombreux temples antiques présentent aujourd'hui des teintes passées qui leur confèrent une grave dignité. Au moment de leur construction toutefois, ces édifices offraient un aspect fort différent. Les pierres fraîchement taillées des colonnes étaient d'un blanc éclatant et les sculptures qui ornaient les temples étaient peintes de couleurs vives (rouge ou bleu notamment). Au cours des décennies qui précédèrent l'édification du Parthénon, les Grecs avaient appris à sculpter avec une grande précision les formes humaines et animales. Phidias, qui dirigea les travaux de décoration du Parthénon, était l'un des plus grands artistes de son temps.

Les chefs-d'œuvre de Phidias

Phidias et ses aides sculptèrent dans le marbre athénien une frise qui courait sur tout l'intérieur du Parthénon et représentait les fêtes qui, tous les quatre ans, étaient organisées en l'honneur d'Athéna : les Grandes Panathénées.

On y voit de jeunes hommes faire étalage de leur richesse en conduisant leurs chars au sein de la procession. Certains des chevaux galopent, crinière au vent. Des filles portent l'eau sacrée, un encensoir et vont présenter une nouvelle robe à la déesse : tous les quatre ans, le vêtement qui recouvrait la vieille statue de bois devait être remplacé. Des bœufs sont menés au sacrifice ; l'une des bêtes résiste. Il faut imaginer la corde qui la retient, car elle était peinte sur la sculpture et le temps l'a effacée.

Une autre sculpture du temple illustrait un sanglant épisode mythologique. Un groupe de centaures (êtres mi-hommes mi-chevaux), avait été invité à des noces. Après s'être enivrés, ils se saisirent de la mariée et tentèrent de l'enlever. La sculpture montre la bataille qui opposa alors les centaures aux hommes. Les centaures symbolisaient peut-être les "barbares" perses, défaits par les Grecs civilisés.

Les œuvres les plus célèbres de Phidias furent, de son vivant, les deux immenses statues chryséléphantines (c'est-à-dire d'or et d'ivoire) de Zeus et d'Athéna. La première, installée à Olympie, était l'une des Sept merveilles du monde. La seconde ornait le Parthénon. Afin de n'être pas accusé d'avoir dérobé une partie de l'or, Phidias conçut le manteau précieux de la déesse de manière à ce qu'il puisse être enlevé, ce qui permettait d'en vérifier le poids. Pour les hommes d'aujourd'hui, les reliefs de Phidias sont ses œuvres les plus connues. Certains sont conservés au musée de l'Acropole, d'autres ont été transportés dans divers musées du monde. Il est hors de question de les remettre en place sur les murs du Parthénon, car l'édifice est si affaibli qu'il pourrait s'effondrer sous leur poids. ■

Ces jeunes Athéniens paradent sur leurs montures. Les narines et les joues du cheval de droite portent les traces d'une bride de bronze.

Dans l'atelier de Phidias. Un artiste sculpte au ciseau la silhouette d'un cheval dans un bloc de marbre. Les saillants de pierre seront utilisés pour fixer des cordes, afin de mettre en place la sculpture. Des pièces de métal enfoncées dans les trous en forme de "T" permettront de joindre les blocs de marbre.

Ci-dessous :
un bœuf est mené au sacrifice.
Ci-dessous à droite :
un centaure ivre bondit sur un homme au sol.

La Peinture sur Vase

Les poteries figurent au nombre des plus beaux objets de la Grèce ancienne qui aient survécu jusqu'à nos jours. Les peintures qui décorent ces vases fournissent de précieux renseignements sur le monde de l'Antiquité : c'est pour cette raison qu'elles occupent une place de choix parmi les illustrations du présent ouvrage.

Les styles mycénien et géométrique

Les styles de peinture sur vase diffèrent selon les régions et les époques. Après la chute de Mycènes, les motifs qui parfois reprenaient les lignes ondoyantes appréciées par les Mycéniens demeurèrent pendant longtemps fort simples. Puis, peu avant 1000 av. J.-C., le style géométrique fit son apparition, qui utilisait des motifs beaucoup plus complexes rappelant toutefois le style mycénien (représentations encore stylisées d'hommes et de femmes aux larges épaules et à la taille fine).

Richesse et statut social

Deux artisans spécialisés participaient à la création d'un vase : le potier et le peintre. Le travail était effectué à la main et les plus beaux vases étaient très coûteux. Les acheteurs appartenant aux classes les plus fortunées, les peintures montraient généralement des scènes qui pouvaient leur plaire. C'est ainsi que les vases géométriques représentaient parfois de grandioses funérailles, qui s'accompagnaient de grandes processions : c'était là pour les notables une façon de faire étalage de leur pouvoir et de leur richesse.

Aux VIIe et VIe siècles av. J.-C., les artistes de Corinthe peignaient des figures plus élaborées, qui souvent représentaient des animaux et portaient la marque d'une influence orientale ou africaine. Les lions et les sphinx rappelaient notamment à certains Corinthiens qu'ils s'étaient enrichis grâce au commerce avec l'Egypte.

Figure noire et figure rouge

Les styles de peinture sur vase les plus célèbres sont originaires d'Athènes : la "figure noire" sur fond rouge appartient surtout au VIe siècle, et la "figure rouge" sur fond noir au Ve. Ces deux couleurs étaient obtenues à partir de la même argile, qui subissait des traitements différents dans le four du potier. Les pigments colorés étant rares et les vases ne se prêtant guère à la représentation de grandes scènes, il n'était pas possible de travailler les détails. Les artistes

Les motifs de ce vase corinthien du VIIe siècle, lions et panthère-oiseau, sont inspirés par les contacts avec l'Afrique et l'Orient.

Ce vase athénien du VIIIe siècle présente des motifs géométriques complexes ; d'autres peintures de l'époque mettaient en scène des figures humaines et animales.

Ce vase géométrique date de l'âge des ténèbres (peu après 1000 av. J.-C.). Les motifs ondoyants qui ne représentent pas encore la figure humaine sont inspirés de la civilisation mycénienne, plus ancienne encore.

Cette coupe athénienne à figures noires date du milieu du VIe siècle av. J.C. ; Héraklès, reconnaissable à la tête de lion dont il est coiffé, est à la lutte avec la divinité marine Triton. On remarque un grand souci de diversité dans la représentation des costumes des danseuses de la frise extérieure.

sélectionnaient soigneusement les symboles qui aidaient à comprendre les images. Dans la décoration de la coupe ci-dessous, le poisson qui figure dans le cercle intérieur indique que l'un des combattants est un dieu marin.

Les peintures étaient fréquemment adaptées à l'usage du vase. Cette scène de lutte orne une coupe utilisée pour des festins. Les coupes à vin sont souvent ornées de telles scènes, car la boisson provoquait chez les hommes des phantasmes de violence ; elles peuvent aussi représenter des danseuses qui se produisaient lors de ces mêmes festins. ■

La fabrication d'un vase dans un atelier de poterie d'Athènes. Ce travail était effectué aussi bien par des hommes que par des femmes. La mise en forme du vase et sa décoration étaient généralement réalisées par des personnes différentes.

LA VIE QUOTIDIENNE À ATHENES

Au faîte de sa grandeur (V^e-IVe siècles av. J.-C.), Athènes était probablement la plus dynamique de toutes les villes du monde méditerranéen. Des voyageurs venus de lointaines cités grecques et de l'Empire perse apportaient avec eux des nouvelles, des idées et des marchandises. Les enfants du port du Pirée entendaient les marins s'exprimer dans diverses langues. Et sur l'*agora*, vaste place publique, se côtoyaient chaque jour des milliers de personnes.

Scènes de rue
Un homme du peuple se réveillait à l'aube. Les murs de sa demeure étaient faits de briques de terre crue (les cambrioleurs étaient appelés "creuseurs de murs", ce qui semble indiquer qu'il était aisé de pénétrer dans les maisons en perçant ces murs). Notre Athénien allait ensuite faire ses achats : cette tâche était en effet dévolue aux hommes. Sur le chemin du marché, il rencontrait des esclaves et des pauvres dont l'échine ployait sous de lourds fardeaux, ainsi que des femmes qui portaient de grandes cruches d'eau. Rares étaient les maisons alimentées en eau : la plupart des Athéniens devaient se rendre régulièrement à une fontaine. Il évitait soigneusement de marcher dans les ordures qui jonchaient les rues : il n'existait pas à Athènes de réseau d'égouts. Parfois, il apercevait une femme ou une jeune fille penchée à la fenêtre d'une luxueuse demeure, mais dès que celle-ci le voyait, sa fierté lui commandait de disparaître à l'intérieur.

La vie sociale
Au Ve siècle, Athènes comptait environ un demi-million d'habitants. Le titre d'Athénien était réservé aux seuls citoyens : à peine un habitant de la cité sur dix. Les *métèques* étaient les étrangers, Grecs d'une autre cité ou "barbares" installés à Athènes. 300 000 esclaves étaient privés de tout droit. Les vendeurs

Une rue d'Athènes. De nombreuses charges étaient portées à dos d'homme. Riches et pauvres se mêlaient dans les rues (quand dans d'autres cités, les puissants écartaient la populace sur leur passage). Les femmes marchaient ensemble, sans prêter attention aux regards des hommes.

des marchés étaient généralement méprisés et devaient être protégés par la loi contre les insultes. Pourtant, Athènes était réputée pour la liberté de parole qui y régnait. Les esclaves et les pauvres savaient se défendre et ne se laissaient pas toujours intimider par les puissants. Un notable se plaignit de ce qu'à Athènes les chevaux et les ânes eux-mêmes marchaient avec arrogance ! Les gens du peuple contestaient volontiers le prix de leurs denrées favorites : anguilles et poisson salé, miel et gibier à plumes. Sans doute ne prêtaient-ils guère attention aux petits groupes d'hommes fortunés qui déambulaient dans leurs robes blanches en parlant politique ou religion. Dans le cas contraire, ils n'auraient certainement pas approuvé leurs idées, car nombre de ces philosophes et théoriciens de la politique, tels que Thucydide, Critias ou Platon, méprisaient les citoyens ordinaires et n'éprouvaient qu'aversion pour le pouvoir que leur donnait la démocratie. ■

Un barbier au travail. Les échoppes étaient des lieux privilégiés de rencontre et de discussion, de "fêtes sans vin", selon l'expression d'un auteur grec.

Bien qu'il ait été fabriqué dans le sud de l'Italie, ce vase représente une scène de la vie quotidienne d'Athènes : un poissonnier au travail.

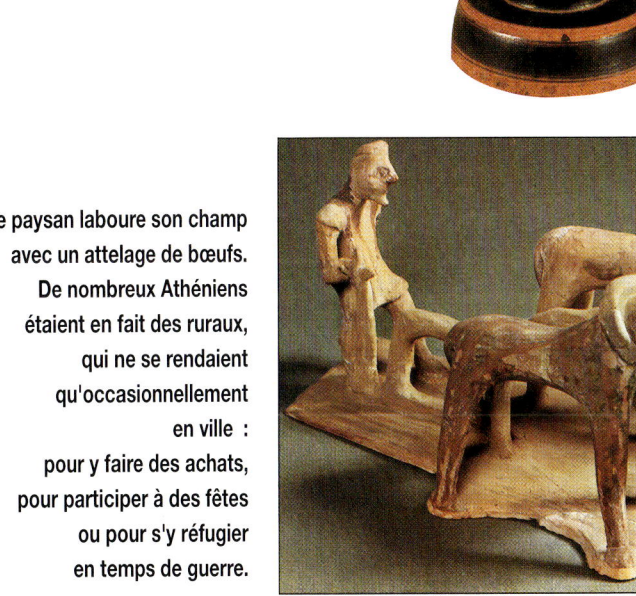

Ce paysan laboure son champ avec un attelage de bœufs. De nombreux Athéniens étaient en fait des ruraux, qui ne se rendaient qu'occasionnellement en ville : pour y faire des achats, pour participer à des fêtes ou pour s'y réfugier en temps de guerre.

LA VIE QUOTIDIENNE À SPARTE

La vie quotidienne à Sparte était bien différente de celle d'Athènes. Sparte s'apparentait à un camp militaire. Les hommes et les garçons se préparaient sans cesse à combattre toutes sortes d'ennemis. Pour les jeunes Spartiates, la vie n'était que compétition et brutalité.

Des enfants formés à la guerre

Tout était fait pour que les jeunes Spartiates s'endurcissent. Dès l'âge de sept ans, les garçons étaient séparés de leur famille et intégrés au système d'éducation de la cité, entièrement orienté vers la préparation militaire. Ils devaient marcher pieds nus et, même lorsqu'il faisait froid, ne pouvaient porter qu'un seul vêtement ; ils étaient affamés et on leur conseillait de dérober leur nourriture, mais s'ils étaient surpris à voler ils étaient battus -ce qui leur apprenait à agir plus habilement à l'avenir. Il existait même des concours de vol. Les garçons devaient dérober des morceaux de fromage tout en évitant les coups de fouet. Le fouet, que les adolescents employaient contre les plus jeunes, jouait un rôle important dans l'éducation spartiate.

Une telle dureté était, entre autres buts, destinée à enseigner aux jeunes Spartiates la manière de pourchasser les hilotes fugitifs ; lors de ces chasses à l'homme, ils devaient parcourir la campagne pendant des jours sans se faire repérer et en se nourrissant d'aliments dérobés. La capture d'un groupe de fugitifs s'accompagnait fréquemment de combats acharnés. La force et le courage étaient encore plus nécessaires dans les batailles d'hoplites contre les cités ennemies. Les jeunes Spartiates apprenaient à craindre l'autorité de leurs aînés et à obéir aux ordres. Sur le champ de bataille, il n'y avait pas de temps pour les querelles internes. A Sparte, les anciens jouissaient du respect de tous et d'un pouvoir plus étendu que dans toute autre cité grecque.

Le mépris de la famille

L'Etat spartiate ne respectait pas la vie privée. La terre appartenait à la cité, qui distribuait à chaque famille un lot suffisant pour vivre. Tout citoyen était obligé de se marier, mais les jeunes couples n'étaient que rarement autorisés à se retrouver. En aucun cas mari et femme ne devaient devenir de proches compagnons. Les hommes de tous âges étaient regroupés pour prendre en commun le repas du soir dans des cantines militaires. On leur servait des galettes d'orge accompagnées d'olives et d'oignons. Les jours de

Ce féroce guerrier de bronze est très certainement spartiate. Ses longues boucles s'échappent du casque à cimier.

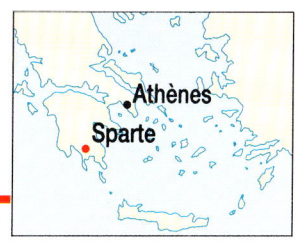

fête, ils avaient droit au "brouet noir", un plat fait de viande salée cuite dans du sang et du vinaigre. Sparte éprouvait à l'égard de la famille une véritable aversion, et la seule loyauté reconnue était celle due à l'ensemble de la communauté. Les citoyens de Sparte étaient appelés *homoioi*, ce qui signifiait "Egaux".

Malheur aux faibles

Les grandes cités grecques, dont Athènes, connaissaient des périodes de détente et de plaisirs lors des fêtes religieuses. Ces réjouissances étaient toujours marquées par une importante consommation de vin. Mais à Sparte, les citoyens n'avaient pas le droit de boire à l'excès. Quelques hilotes étaient au contraire délibérément invités à s'enivrer, tandis que les jeunes Spartiates observaient leur attitude. De cette manière, les jeunes apprenaient à mépriser l'ivrognerie. Sparte utilisait souvent l'humiliation comme méthode d'enseignement. Un homme qui ne se comportait pas avec bravoure au combat était qualifié de "trembleur". On le forçait à se raser un côté du visage et à laisser pousser sa barbe de l'autre, afin que tous puissent se moquer de lui. Il lui était interdit d'avoir l'air heureux et il était immanquablement rejeté lors de la composition des équipes participant à des jeux de balle. Les Spartiates, qui étaient surpassés en nombre par les hilotes, tenaient à ce que les citoyens assurent leur descendance. Les hommes qui tardaient à se marier devaient, une fois l'an, participer nus à un grand défilé. Les jeunes filles venaient assister à la parade et leur lançaient de cruelles plaisanteries. On espérait ainsi inciter les hommes à prendre femme ! ■

Les jeunes Spartiates, qui pratiquaient fréquemment des jeux violents, apprenaient à envisager la mort sous un aspect positif. Lorsqu'elle était rencontrée au combat et accueillie avec bravoure, la mort était en effet source de fierté plutôt que de chagrin pour les proches du défunt. Le corps et la tombe des hommes courageux étaient exhibés afin d'habituer les jeunes à un tel spectacle.

LA VIE RECLUSE DES FEMMES GRECQUES

Les femmes et les filles des familles riches vivaient à l'écart des hommes, à qui elles ne parlaient que rarement. Les hommes passaient leurs journées dehors, tandis que leurs épouses et leurs filles étaient confinées au foyer. Lors des grandes occasions familiales, elles étaient autorisées à quitter la demeure pour aller voir un nouveau-né ou assister à des obsèques. Lorsqu'une jeune femme de bonne famille sortait trop souvent, les hommes conseillaient à son mari de garder sa femme *"avec des verrous et des esclaves attentifs"*.

Pourquoi les femmes étaient-elles soumises à un tel contrôle ? Les Grecs craignaient que leurs femmes ou leurs filles nouent des liaisons amoureuses et donnent naissance à des enfants illégitimes qui n'auraient pu devenir citoyens. Cela aurait valu le déshonneur à toute la famille : seuls les citoyens pouvaient posséder des terres ou défendre leurs parents âgés devant les tribunaux.

La vie des Athéniennes

Les femmes des classes les plus opulentes vivaient recluses dans les pièces qui leur étaient réservées : le *gynécée*. Elles y supervisaient le travail de leurs esclaves : ces derniers effectuaient la majeure partie des tâches ménagères et élevaient les jeunes enfants. Certaines femmes savaient lire et appréciaient les grandes tragédies athéniennes ; mais les filles n'allaient pas à l'école et la plupart étaient sans doute illettrées.

La déesse Athéna semble affligée devant une sépulture. Les femmes mouraient en moyenne dix ans plus tôt que les hommes, vers trente-cinq ans. L'accouchement était l'une des causes principales de mortalité féminine.

Les femmes du peuple ne pouvaient se permettre de rester chez elles : elles allaient au dehors pour travailler, chercher de l'eau, vendre des produits au marché ou faire la cueillette des fruits. Les filles des familles pauvres avaient ainsi l'occasion de rencontrer des jeunes gens et pouvaient espérer un mariage d'amour. Moins heureuses en l'occasion, les filles des familles riches n'étaient pas censées connaître d'homme ; le mariage était arrangé par leurs parents.

Les hétaïres

Les jeunes femmes très pauvres et les esclaves, pour peu qu'elles fussent jolies et intelligentes, apprenaient souvent à jouer de la musique, à danser et à divertir les hommes lors des festins : on les appelait alors *hetairai*. Les fêtes auxquelles elles participaient leur donnaient parfois l'occasion d'écouter les échanges philosophiques et les discours poétiques. Certaines faisaient ainsi leur éducation littéraire et

Cette délicate terre cuite datant de la fin de la période classique représente deux femmes en conversation intime.

Les hétaïres dansaient et chantaient pour les hommes lors des grands festins ; mais à la différence de ceux-ci, elles restaient sobres.

comportèrent comme des soldats. Lorsqu'une armée ennemie s'approcha de Sparte en 370 av. J.-C., les femmes furent prises de panique, ce qui selon Aristote provoqua plus de confusion que n'en causa l'ennemi. On note néanmoins au cours de l'histoire grecque des exemples de batailles ou de sièges auxquels participèrent des femmes, notamment à Kerkyra (Corfou) et Platée. ∎

Le pétrissage de la pâte à pain était généralement une tâche dévolue à des femmes asservies. Lorsque ce travail était effectué par une citoyenne, celle-ci faisait l'objet de cruelles moqueries pour sa pauvreté.

La cuisine de riches Athéniens. A l'arrière-plan, une femme tisse des vêtements. Celle qui malaxe des ingrédients porte les cheveux courts d'une esclave.

pouvaient devenir des compagnes appréciées pour leur culture autant que pour leurs charmes. L'une des plus célèbres fut Aspasie de Milet, qu'aima tendrement Périclès. Les femmes des classes élevées, fières de vivre respectées dans un monde reclus, n'éprouvaient que dédain pour les hétaïres.

La femme grecque n'avait, bien entendu, aucun rôle politique et était traitée en perpétuelle mineure. Jeune fille, elle dépendait de son père, femme de son mari, et veuve de son fils aîné. Dans *L'Odyssée*, Télémaque s'adresse ainsi à sa mère Pénélope : *"Rentre à la maison et reprends tes travaux, ta toile, ta quenouille ; ordonne à tes servantes de se remettre à l'œuvre. L'arc, c'est l'affaire des hommes, la mienne surtout, moi qui suis le maître de cette maison"*.

Les femmes de Sparte

Les femmes des citoyens spartiates laissaient aux hilotes le soin d'effectuer les tâches ménagères. Jeunes filles, elles apprenaient à courir et à lutter comme les hommes. Cet entraînement physique était destiné à les rendre fortes, afin de mieux résister aux accouchements et de donner naissance à des enfants robustes. Pour les Spartiates, l'accouchement était l'équivalent féminin de la guerre : comme elle, il s'effectuait dans la douleur et s'accompagnait d'un risque de mort. Les seuls Spartiates honorés d'une inscription sur leur tombe étaient les hommes tués au combat et les femmes mortes en couches.

Malgré leur force, jamais les femmes spartiates ne se

Le Théâtre grec

L'art dramatique fut l'une des plus grandes inventions des Grecs. Le mot *drama* signifiait "action", et sur scène l'action se déroulait généralement sous forme de tragédie ou de comédie. A Athènes, les pièces de théâtre étaient la plupart du temps présentées dans le cadre des fêtes religieuses en l'honneur de Dionysos, dieu de la fertilité, de la vigne et du vin. De grands concours de poésie étaient également organisés.

Des foules énormes se pressaient aux représentations. Certains théâtres comptaient plus de quinze mille places, occupées du lever du jour au coucher du soleil. Le public trouvait sur place nourriture et boissons et, bien installé, participait au spectacle en n'épargnant ni ses applaudissements ni ses quolibets. C'était peut-être l'occasion pour les Athéniens de se sentir heureux et unis. Les pauvres recevaient même de l'argent afin de pouvoir payer leur place.

Il n'est pas certain que les femmes aient eu le droit d'aller au théâtre, mais un récit rapporte que quelques-unes, présentes dans l'assistance, furent si terrifiées par ce qu'elles virent qu'elles accouchèrent prématurément.

La tragédie

Sur scène, l'action n'était pas violente, mais les acteurs portaient des masques parfois assez effrayants. Il n'y avait que trois ou quatre acteurs (ainsi qu'un chœur), qui changeaient de masque en

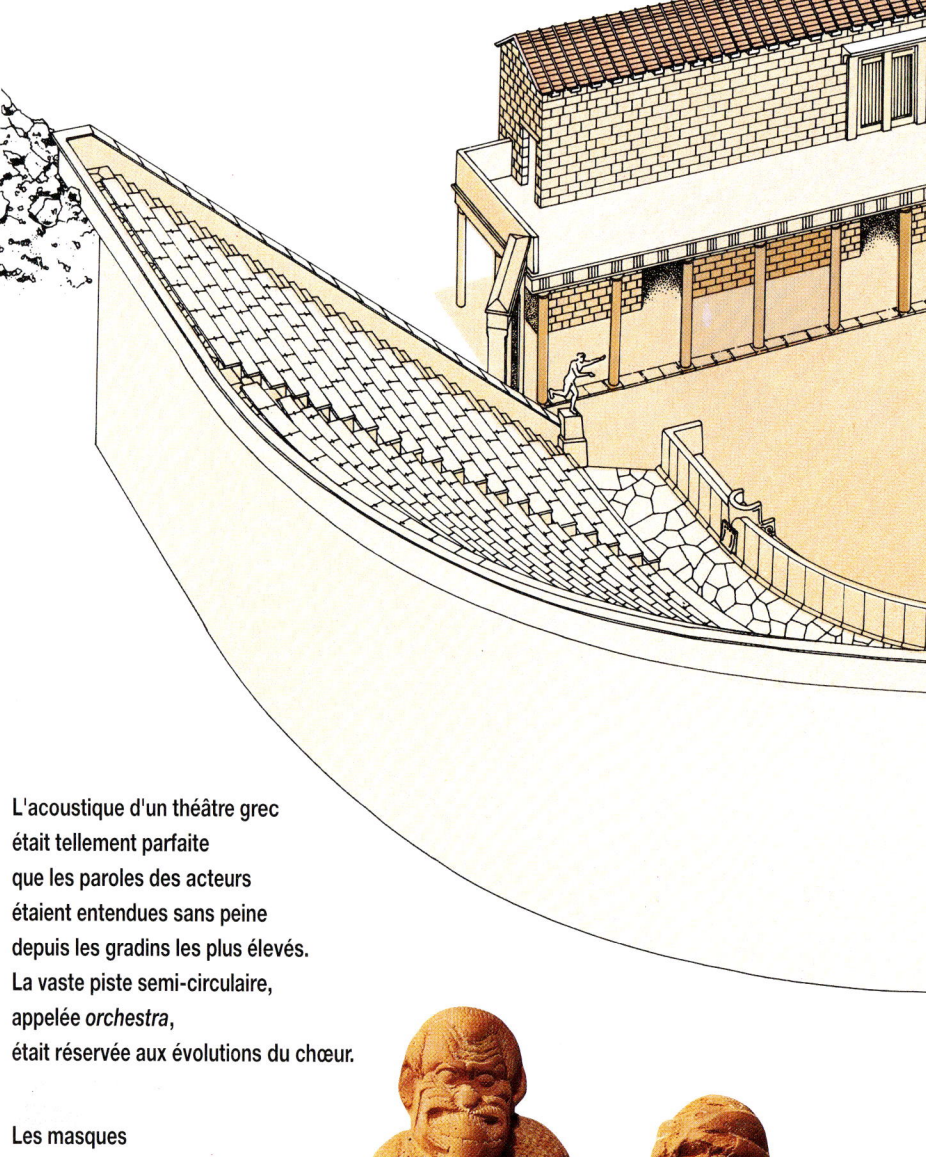

L'acoustique d'un théâtre grec était tellement parfaite que les paroles des acteurs étaient entendues sans peine depuis les gradins les plus élevés. La vaste piste semi-circulaire, appelée *orchestra*, était réservée aux évolutions du chœur.

Les masques que portaient les acteurs de la tragédie grecque étaient destinés à impressionner et effrayer les spectateurs. Ils permettaient aussi d'identifier les personnages. En changeant de masque, un acteur pouvait interpréter différents rôles.

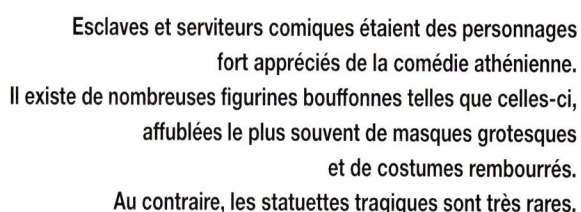

Esclaves et serviteurs comiques étaient des personnages fort appréciés de la comédie athénienne. Il existe de nombreuses figurines bouffonnes telles que celles-ci, affublées le plus souvent de masques grotesques et de costumes rembourrés. Au contraire, les statuettes tragiques sont très rares.

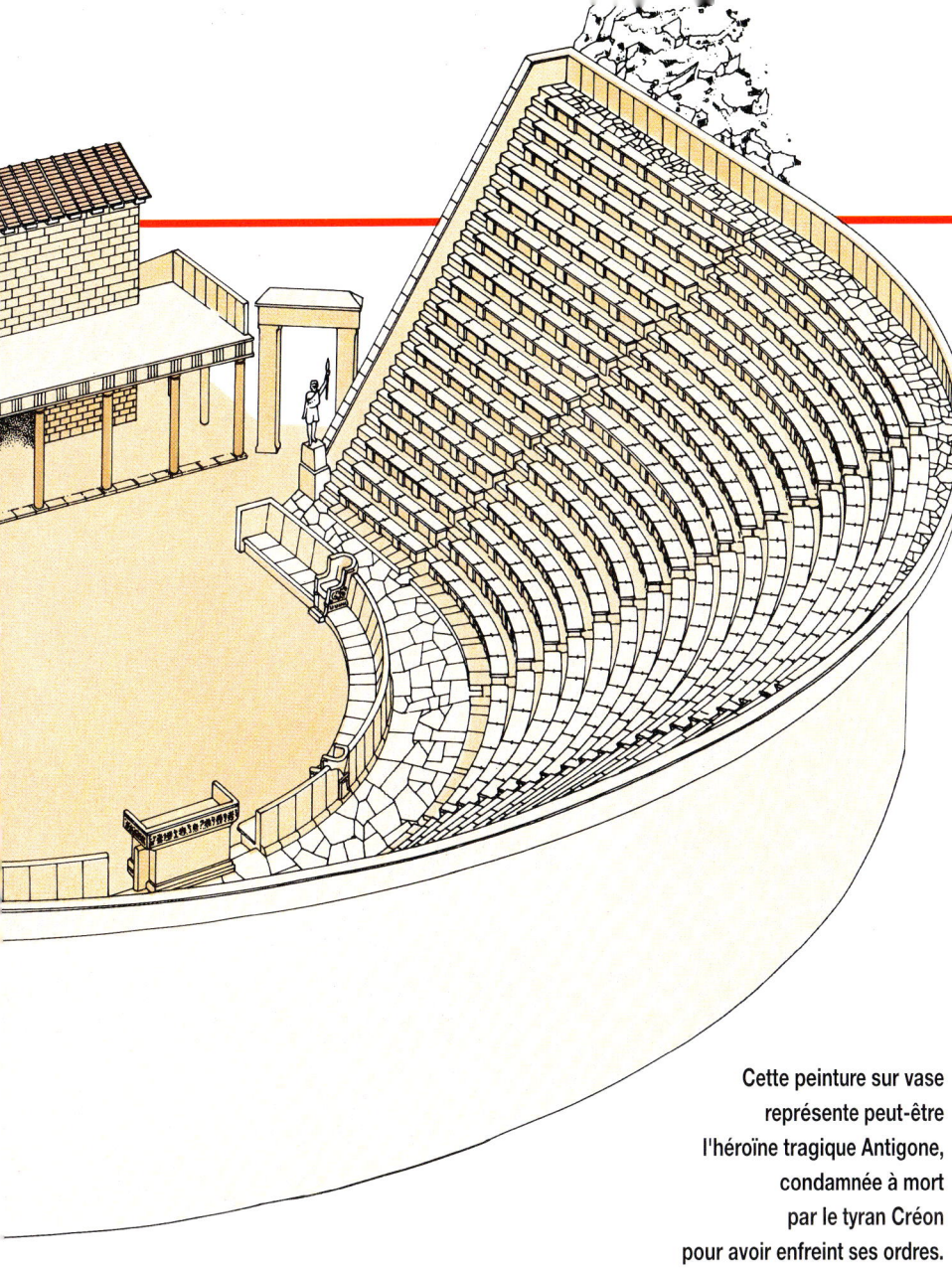

naire demande à sa femme si elle a un amant :
"Comment le pourrais-je ? Je n'emploie pas de parfum."
"Une femme ne peut-elle pas avoir d'amant sans parfum ?"
"Celle qui est devant vous ne le peut, malheureusement."
La comédie ne s'en prenait pas seulement aux notables, mais aussi aux dieux. On pouvait voir Dionysos lui-même frappé comme un esclave, et un personnage comique se plaindre à Zeus de ce que les dieux permettent qu'une terrible guerre ravage Athènes..

L'importance du théâtre à Athènes

Pourquoi l'art dramatique était-il plus populaire à Athènes que dans les autres cités grecques ? Dans la tragédie, les personnages mythiques qui souffrent sont des aristocrates. Dans la comédie, les moqueries sont surtout dirigées contre des hommes riches et célèbres, à peine caricaturés. Athènes était la première démocratie et les simples citoyens y jouissaient d'un grand pouvoir. Même s'ils laissaient généralement les riches occuper les fonctions importantes, les pauvres n'en éprouvaient pas moins un certain ressentiment à leur égard. Le théâtre constituait un moyen d'exprimer ces sentiments, en permettant de considérer, pendant quelques heures, les aristocrates avec pitié ou ironie. Dans la plupart des cités, les pauvres n'avaient pas le droit de mépriser leurs dirigeants, fût-ce sur scène. ■

Cette peinture sur vase représente peut-être l'héroïne tragique Antigone, condamnée à mort par le tyran Créon pour avoir enfreint ses ordres.

même temps que de personnage. Seuls les hommes montaient sur scène, y compris pour les rôles de femmes. La violence était souvent évoquée, mais en coulisses : ainsi, lorsque le roi Agamemnon était assassiné par sa femme, ses cris d'agonie emplissaient le théâtre.

La tragédie représentait généralement des événements appartenant au passé mythologique. Des hommes et des femmes en qui se mêlaient le bien et le mal connaissaient des souffrances résultant d'un conflit entre les actions humaines et les lois divines. Les auteurs de tragédies les plus célèbres furent Eschyle, Sophocle et Euripide.

La comédie

La comédie traitait pour sa part de la vie dans l'Athènes contemporaine. Elle prenait volontiers pour cibles les politiciens et autres célébrités. Le grand stratège et homme d'Etat Périclès était accusé par plaisanterie d'être le jouet de sa maîtresse. Dans l'une des comédies d'Aristophane, un citoyen ordi-

Les Maisons d'Olynthe

Olynthe était une ville prospère de Chalcidique, dans le nord-est de la Grèce, qui pour son malheur était trop proche de la Macédoine. Dans les années 430-420 av. J.-C., elle prit la tête d'un soulèvement contre Athènes, et connut la réussite là où d'autres puissantes cités avaient échoué. Mais en 348, Philippe de Macédoine s'empara d'Olynthe : ne pouvant tolérer l'existence d'une influente cité hostile à proximité de la Macédoine, il en ordonna la destruction.
Les vestiges d'Olynthe, comme ceux de la ville romaine de Pompéi, se sont révélés précieux pour les archéologues d'aujourd'hui. L'évolution de la plupart des villes antiques fut progressive : on abattait les ruines de constructions anciennes pour établir les fondations de nouveaux édifices. A Olynthe (comme à Pompéi), les fondations et le bas des murs des maisons demeurèrent en l'état, ce qui permet aux archéologues de comprendre comment les Grecs construisaient leurs habitations.

La construction des maisons
Les habitations d'Olynthe était bâties sur des fondations continues, communes à chaque pâté de maisons. Les murs étaient en boue séchée, et certains sols décorés de mosaïques.
Dans l'Antiquité comme aujourd'hui, une chaleur intense régnait en Grèce pendant une grande partie de l'année, mais en hiver il pouvait faire très froid : les maisons d'Olynthe étaient construites en conséquence, autour d'une cour située dans l'axe du soleil. Pour les périodes de froid, un balcon abrité courait sur trois côtés de la cour ; son orientation sud-ouest permettait à la famille de s'asseoir au soleil pendant la majeure partie de la journée. Le toit du balcon empêchait les rayons de pénétrer dans les pièces de l'étage, qui n'étaient donc pas surchauffées. Sous le balcon, un portique abrité dispensait de l'ombre en été. Sans doute faisait-on aussi sécher le linge au balcon, comme souvent encore dans bien des pays méridionaux.
Le petit autel qui occupait le centre de la cour était utilisé pour les sacrifices ; la famille venait y demander aux dieux de lui accorder prospérité, santé et, en temps de guerre, sécurité.

Une centaine de maisons ont été mises au jour à Olynthe. Sur cette reconstitution, la présence d'un étage et de mosaïques sur le sol indique que la demeure appartenait à un homme aisé. La Grèce étant dépourvue de bois de construction, les poutres et les planchers coûtaient beaucoup plus cher que la boue séchée des murs.

1. salle à manger 2. sol en mosaïque
3. antichambre 4. office
5. entrée de service 6. galerie
7. cour pavée 8. autel 9. porche.

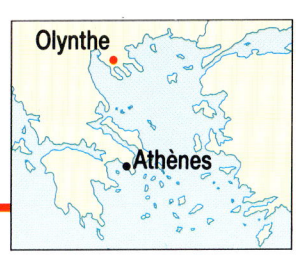

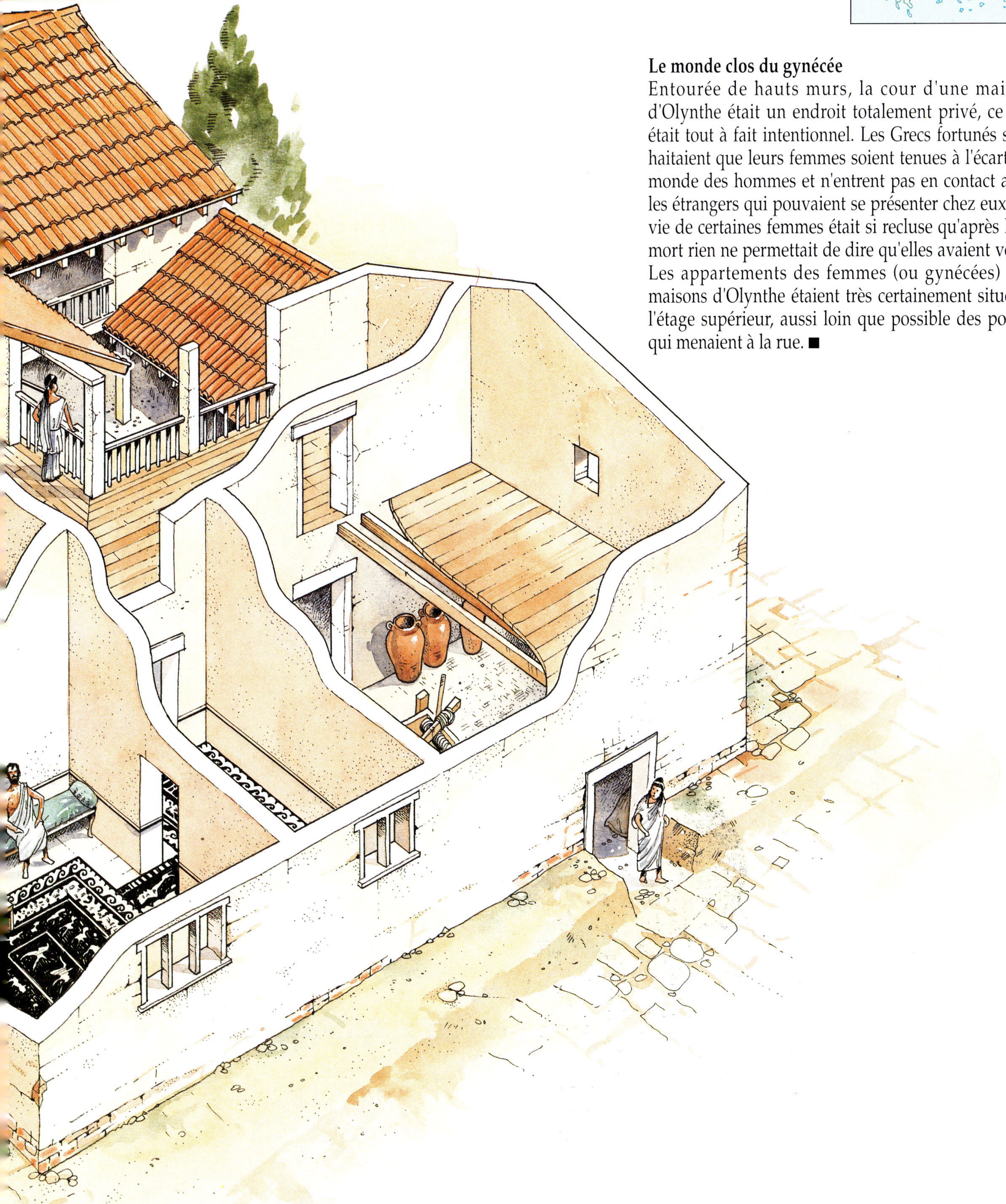

Le monde clos du gynécée

Entourée de hauts murs, la cour d'une maison d'Olynthe était un endroit totalement privé, ce qui était tout à fait intentionnel. Les Grecs fortunés souhaitaient que leurs femmes soient tenues à l'écart du monde des hommes et n'entrent pas en contact avec les étrangers qui pouvaient se présenter chez eux. La vie de certaines femmes était si recluse qu'après leur mort rien ne permettait de dire qu'elles avaient vécu. Les appartements des femmes (ou gynécées) des maisons d'Olynthe étaient très certainement situés à l'étage supérieur, aussi loin que possible des portes qui menaient à la rue. ∎

GLOSSAIRE

Acropole («ville haute»)
Hauteur fortifiée sur laquelle les citoyens d'une ville pouvaient se réfugier en cas de guerre. Elle comportait un palais ainsi que des sanctuaires. La plus célèbre acropole est celle d'Athènes.

Agora
Vaste place dans la cité, lieu de rencontre et de commerce où étaient groupés les monuments publics (salle du Conseil, tribunal, temples) ainsi que les boutiques des marchands.

Attique
Région qui entourait Athènes et qui était soumise à sa domination. La plupart des citoyens athéniens vivaient dans les villes et les villages de l'Attique.

Centaure
Etre fabuleux qui possédait une tête et un torse d'homme, mais aussi les quatre membres et le corps d'un cheval.

Cimier
Ornement qui forme la partie supérieure d'un casque.

Citoyenneté
Pour posséder des terres et prendre part aux décisions à l'intérieur d'un Etat grec, il fallait être citoyen de cet Etat. La citoyenneté était héréditaire, et il était presque impossible pour les «étrangers», grecs ou non, de devenir citoyens : ils pouvaient néanmoins vivre dans la cité et y être respectés.

Cnémide
Jambière des soldats grecs.

Demokratia
Forme de gouvernement dans laquelle le pouvoir suprême appartient à l'assemblée du peuple. La *demokratia* s'exerçait au Ve siècle av. J.-C. dans de nombreux Etats grecs ; c'est à cette époque que la plus célèbre des démocraties, celle d'Athènes, connut son apogée. L'Etat le plus farouchement opposé à la *demokratia* était Sparte.

Demos
Assemblée des citoyens, et en particulier la masse des citoyens les plus pauvres, dans un Etat Grec.

Gynécée
Appartement des femmes dans les maisons grecques.

Hilotes
Populations de Laconie et de Messénie asservies par Sparte. Par crainte d'un soulèvement des hilotes, les Spartiates s'organisèrent en société entièrement militarisée.

Homoioi (les Egaux)
Citoyens spartiates qui recevaient une éducation conçue pour leur donner une personnalité commune. L'Etat spartiate se devait d'être homogène, afin de pouvoir résister à ses nombreux ennemis.

Hoplites
Fantassins grecs équipés d'un casque, d'une lance, d'un bouclier rond, d'une cuirasse et de cnémides. Ils combattaient épaule contre épaule en formations profondes de plusieurs rangs.

Ligue de Délos
Appellation moderne d'une alliance d'Etats grecs formée en 477 av. J.-C. pour poursuivre la guerre contre les Perses. Le quartier général de cette coalition était installé dans l'île égéenne de Délos. Mais la puissance d'Athènes transforma la ligue de Délos en un Empire athénien.

Linéaire B
Appellation moderne de l'écriture composée de signes et d'images utilisée par les Grecs mycéniens pour tenir leurs archives sur des tablettes d'argile.

Minoen
Adjectif qualifiant la brillante civilisation qui s'épanouit en Crète dans la première moitié du IIe millénaire av. J.-C. ; ce nom provient du roi Minos, personnage de la mythologie grecque qui aurait régné en Crète avant la guerre de Troie.

Nymphe
Divinité féminine personnifiant la nature sauvage.

Oligarchie
Gouvernement d'un Etat grec par un petit groupe de privilégiés. Les oligarques étaient de farouches opposants à la démocratie.

Oracle
Réponse d'une divinité à celui qui la consultait ; endroit où la divinité donnait ses réponses.

Ostracisme
Système par lequel les Athéniens choisissaient entre des politiciens rivaux ou écartaient ceux dont l'ambition pouvait menacer la démocratie. Les citoyens inscrivaient sur des tessons de poterie (*ostraka*) le nom de celui qu'ils souhaitaient voir rejeté. Celui-ci était «frappé d'ostracisme» : banni pour dix ans.

Péloponnèse
Vaste péninsule de la Grèce méridionale.

Période archaïque
Terme utilisé pour désigner la période séparant les temps obscurs de la période classique (v. 700 av. J.-C.- v. 480 av. J.-C.).

Période classique
Période qui s'étend de 480 av. J.-C. au règne d'Alexandre le Grand (330-320 av. J.-C.).

Période hellénistique
Période qui s'étend des campagnes d'Alexandre à la conquête de la Grèce par les Romains : (320-146 av. J.C.)

Phalange
Formation de combat des hoplites, sur plusieurs rangs de profondeur.

Polis
Ce mot grec désignait la cité, ville ou village autonome ainsi que le territoire qui l'entourait. De là sont dérivés des termes modernes comme «police» ou «politique».

Satyre
Divinité mythologique de la terre. Son corps était celui d'un homme, mais pourvu des cornes, des jambes et des sabots d'un bouc.

Trière
Vaisseau grec de guerre propulsé par environ cent soixante-dix rameurs répartis sur trois rangs superposés. L'arme principale de la trière était un éperon qui équipait la proue du navire, sous la ligne de flottaison.

Tyrannie
Pouvoir exercé par un seul homme, dont la volonté fait loi. ■

Index géographique

*Cet index permet
de retrouver
un nom sur une carte.
Le premier nombre
indique la page ;
la lettre suivie d'un chiffre
précise la partie
de la carte concernée.
Exemple :
Argos 55 C3,
lire : page 55, colonnes C
(verticale) et 3 (horizontale).*

Abydos 57 D3
Acharnes 55 D4
Achéloos 11 B3, 54 B4
Aigospotamos 57 D3
Akrotiri 11 D2
Alos 53 D2
Alphée 11 B2, 55 C3
Amantia 52 A3
Ambracie (golfe d') 52 B1
Ambracie 52 B2
Amnisos 54 G2
Amorgos 11 D2, 59 B2
Amphipolis 56 A3
Amphissa 55 C4
Amyclées 55 C3
Anactorion 52 B1
Andros 11 D2, 58 A3
Antandros 57 D2
Antigonéia 52 B3
Antissa 57 D2
Aoos 52 B2
Apollonia 52 A3
Apollonia 57 E2
Arathos 52 B2
Argos 55 C3
Argos d'Amphilocie 53 C1
Ascra 55 D4
Asiné 11 C2, 55 C3
Assos 57 D2
Athènes 11 C2, 55 D3
Athos (mont) 11 D4
Attique 11 C3, 55 D4
Aulis 55 D4
Axios 53 D3

Bassae 54 B3
Belevi 59 D3
Béotie 55 D4
Büyük Menderes 59 D3

Calydon 54 B4
Cameiros 59 D2
Carie 59 E3

Carystos 58 A4
Cassope 52 B2
Celatron 53 C3
Céos 11 D2
Céphalonie 10 B3, 54 A4
Ceramos 59 D3
Chalcidique 11 C4, 53 E3, 56 A3
Chalcis 11 C3, 55 D4
Chéronée 55 C4
Chio 11 D3, 59 C4
Clazomènes 59 C4
Cnide 59 D2
Cnossos 11 D1, 54 G2
Colophon 59 D4
Corfou 10 A3, 52 A2
Corinthe (golfe de) 11 C3, 55 C4
Corinthe (isthme de) 55 C3
Corinthe 11 C2, 55 C3
Coropi 53 E2
Cos 11 E2, 59 D2
Crète (mer de) 11 D1, 54 F2
Crète 11 D1, 54 F2
Cyclades (îles) 11 D2, 58 A3
Cythère 11 C2, 55 C2

Délos 58 B3
Delphes 11 C3, 55 C4
Didyme 59 D3
Dion 53 D3
Dodécanèse 11 E2, 59 C2
Dodone 10 B3, 52 B2
Dymé 11 B3

Egée (mer) 11 D3, 58 B4
Egine 11 C2, 55 D3
Elatéa 55 C4
Eleusis 11 C3, 55 D4
Elis 54 B3
Eolie 57 E2
Ephèse 59 D3
Epidamne 52 A4
Epidaure 55 D3
Epire 10 B3, 52 B3
Erétrie 55 D4
Erythrée 59 C4
Eubée (golfe d') 55 D4
Eubée 11 C3, 55 E4
Eurotas 55 C3
Evros 11 E4

Glâ 11 C3, 55 D4
Gomphoi 53 C2
Gonnos 53 D2
Gortyne 54 F2
Gythion 55 C2

Haliakmon 11 C4, 53 D3
Halicarnasse 59 D3
Hellespont 57 D3
Héphaistia 57 C2
Héraclée 59 D3
Hierapytna 54 G2

Ialysos 59 E2
Iasos 59 D3
Icare 11 E2
Idyme 59 E3
Iéropotamos 54 F2
Imroz 57 C3
Ionie 59 D3
Ioniennes (îles) 10 A3
Ionienne (mer) 10 B2, 54 A3
Ios 58 B2
Istiaia 53 E1
Ithaque 10 B3, 54 A4

Kalamas 52 B2
Kallipoli 59 E2
Kalymnos 59 C2
Kato Zakros 11 E1, 54 H2
Kerkinion 53 D2
Kifisos 11 C3
Koroneia 55 C4
Koryphasion 11 B2
Krisa 55 C4
Kydonia 11 C1, 54 F2
Kythnos 11 D2

Larissa 11 C3, 53 D2
Laurion 55 D2
Lebedos 59 C4
Lebena 54 F1
Lemnos 11 D3, 57 C2
Lerne 11 C2, 55 C3
Lesbos 11 E3, 57 C2
Leucade 10 B3, 52 B1
Leuctres 55 D4
Lindos 11 F2, 59 E2
Lissos 54 E2
Lycaonie (golfe de) 55 C2
Lydie 59 E4

Macédoine 11 B4, 53 D3
Mallia 54 G2
Malthi 11 B2
Mantinée 55 C3
Marathon 11 C3, 55 D4
Méditerranée (mer) 11 C1
Mégare 55 D4
Mélène 57 D2
Messène 54 B4
Méthone 53 D3

Méthymne 57 D2
Métropolis 53 C2
Milet 11 E2, 59 D3
Milo 11 D2, 58 A2
Mycène 11 C2, 55 C3
Mykonos 58 B3
Myndos 59 D4
Myrto (mer de) 55 D2
Mytilène 57 D2

Naupacte 54 B4
Nauplie 11 C2, 55 C3
Naxos 11 D2, 58 B3
Néapolis 56 B3
Nécromantion d'Ephira 52 B2
Némée 55 C3
Nestos 11 D4, 56 B4
Nicopolis 52 B2
Noire (mer) 11 F4
Notion 59 D4
Nyssa 59 E3

Oenidae 54 B4
Olympe (mont) 11 C4, 53 D3
Olympie 11 B2, 54 B3
Olynthe 53 E3
Orchomène 11 C3, 55 C4, 57 E2

Pagase 53 D2
Panionion 59 D3
Paros 11 D2, 58 B3
Passandra 57 D2
Pazarköy 57 E2
Pella 53 D3
Péloponnèse 11 B2, 55 C3
Pergame 57 E2
Phaestos 11 D1, 54 F2
Phalasarna 54 E2
Phères 53 D2
Philippes 56 B4
Phoenicé 52 B2
Phocée 11 E3
Pinde (monts du) 11 B3, 52 B3
Pinios 11 C3, 53 D2, 54 B3
Pirée (Le) 55 D3
Platée 55 D4
Poliochni 57 C2
Poros 55 D3
Potidée 53 E3
Priène 59 D3
Propontide (Mer de Marmara) 11 E4, 57 E3
Pydna 53 D3
Pylos 11 B2, 54 B3

Pyrrha 57 D2

Rhénéia 58 B3
Rhodes 11 F2, 59 D2, 59 E2

Salamire 55 D3
Samos 11 E2, 59 C3
Samothrace 11 D4, 57 C3
Sardes 59 E4
Saronique (golfe) 55 D3
Scarpanto 11 E1
Semani 52 A3
Sesklo 11 C3
Shkumbini 52 B4
Sigée 57 D2
Sikyon 55 C3
Skyros 11 D3, 56 B1
Smyrne 59 D4
Sounion 55 E3
Sparte 11 C2, 55 C3
Sporades septentrionales 11 C3, 56 A2
Sporades méridionales 11 E2, 59 C3
Stagire 56 A3
Stratos 53 C3
Strymon, 53 E3, 56 A3

Tanagra 55 D4
Tégée 55 C3
Téos 59 C4
Thasos 11 D4, 56 B3
Thèbes 11 C3, 55 D4
Théra 11 D2, 58 B2
Therme (golfe de) 53 D3
Thermopyles 11 C3, 53 D1
Thesples 55 D4
Thessalie 11 C3
Thessalonique 53 D3
Thrace 11 D4, 57 C4
Thrace (mer de) 57 C3
Tinos 11 D2, 58 B3,
Tirinthe 11 C2, 55 C3
Trézène 55 D3
Troie 11 E3, 57 D2

Vaphio 11 C2
Verghina 53 D3

Xanthi 11 D4

Zakynthos (Zante) 10 B2, 54 A3 ■

INDEX

Achéens 10, 64
Achille 13, 14, 15
Acropole 24, 74, 75, 76, 77, 78
Agamemnon 14, 15, 63, 64, 89
Agrigente 20, 21
Ajax 13, 14
Akrotiri 60
Alexandre le Grand 16, 37, 43, 44, 45, 46, 47, 48, 52, 56, 70
Alexandrie 39, 44, 46, 48
Amnisos 60
Amon 37
Amphipolis 42
Anaxagore 58, 75
Anaximandre 58
Andromède 65
Antigone 89,
Apollon 36, 37, 66, 67, 68, 69
Aréopage 74
Argos 23
Aristarque 49
Aristide 25
Aristocrates 16, 17, 66, 67, 72
Aristophane 89
Aristote 25, 75
Artémis 64, 66, 67
Aspasie de Milet 87
Athéna 36, 37, 65, 66, 67, 70, 74, 75, 77, 78, 86,
Athènes 18, 19, 20, 21, 24, 25, 26, 27, 28, 29, 32, 33, 34, 36, 37, 38, 39, 40, 42, 43, 54, 56, 58, 68, 70, 74, 75, 76, 77, 78, 80, 81, 82, 83, 84, 85, 88, 89, 90
Athos (mont) 26
Atrée 64
Attique 24, 32

Babylone 46
Béotie 34, 43, 54
Briséis 14
Byzance 19, 32

Calypso 64
Carthage 20, 39
Catane 19
Chalcidique 56, 90
Chéronée 43
Chio 58
Chypre 38
Cimon 25
Cléomène Ier 23
Cléopâtre 48
Clytemnestre 64
Cnossos 10, 54, 60
Constantinople 49

Corfou 18, 19, 52, 87
Corinthe 18, 19, 20, 21, 42, 52, 54, 70, 80
Créon 89,
Crète 10, 54, 60, 61
Critias 83,
Cronos 70
Cybèle 47
Cyrène 39
Cyrus 40

Darius 26, 27, 46
Délos (ligue de) 32, 75
Delphes 42, 68
Déméter 66, 72
Diomède 13
Dodone 52, 68
Doriens 12
Dyonisos 37, 65, 74, 88, 89

Egée (mer) 10, 18, 19, 26, 28, 32, 38, 39, 42, 54, 56, 61
Egine 24, 54
Egisthe 64
Egypte 10, 19, 26, 32, 37, 38, 44, 46, 48, 58, 60, 80
Electre 64
Elis 70
Epire 52
Erathostène 49
Eschyle 89
Espagne 18
Euripide 89

Gaugamèles 46
Gaule 72
Géla 20
Gélon 20
Glâ 10

Hadès 66
Hector 14
Hélène 14, 15, 61
Hellespont 26, 38, 39, 46, 56
Héraklès 36, 37, 64, 65, 80
Hermès 37, 66
Hermippos 39
Hérodote 27, 58
Hésiode 16, 17, 18, 67
Hétaïres 16, 86, 87
Hilotes 22, 23, 41, 54, 84, 85, 87
Himère 21
Hippodamie 70
Hoplites 17, 22, 23, 27, 30, 31, 32, 37, 43, 46, 72, 84

Iliade (L') 13, 14, 15, 16, 38, 66, 67
Inde 46, 47
Ionie 26, 58
Iphigénie 64
Issos 46
Italie 18, 19, 20, 83
Itaque 64

Jeux olympiques 19, 70, 72, 73

Laconie 22, 23
Laurion 24, 54
Léonidas 27
Lesbos 56, 58
Leuctres 40, 54
Libye 39
Lydie 36, 37

Macédoine 42, 43, 44, 45, 46, 48, 52, 56, 90
Magna Græcia (Grande Grèce) 18, 19, 20, 37
Marathon 26, 27, 70
Massilia 19
Méduse 65
Mégare 54
Ménélas 13, 14, 15, 64
Mésopotamie 40
Messène 41
Messénie 22, 23, 41, 42
Méthone 44
Milet 18, 19, 26, 36, 58
Minoens 10, 54
Minos 10, 60
Monnaies 36, 37, 54
Mycènes 10, 12, 13, 18, 54, 62, 63, 64, 80
Mytilène 21

Naucratis 19
Naxos 19

Odyssée (L') 13, 14, 16, 64, 66, 87
Oinomaos 70
Olympe (mont) 52, 66, 68
Olympias 45
Olympie 70, 72, 73, 78
Olynthe 42, 56, 90, 91
Oreste 64

Paestum 20, 21
Pangée 43
Pâris 14
Parthénon 67, 75, 77, 78

Patrocle 14
Pégase 36, 37
Pella 44
Péloponnèse 22, 23, 29, 32, 42, 54, 62, 70
Pélops 70
Pénélope 64, 87
Penthée 65
Périclès 16, 32, 77, 87, 89,
Perse 24, 26, 27, 32, 39, 40, 46, 48, 52, 54, 56, 58, 74, 75, 82
Persée 65
Perséphone 66
Pétra 49
Phalère 24
Phénicie 46
Phidias 70, 77, 78, 79
Philippe II de Macédoine 16, 42, 43, 44, 45, 46, 52, 56, 70, 90
Phocée 19
Phocide 42
Phormion 29
Pindare 16, 17
Pisistrate 21, 24
Pittacos 21
Platée 27, 32, 34, 35, 87
Platon 75, 83
Pnyx 25, 74
Pompéi 90,
Poséidon 66, 67
Poséidonia 20, 21
Priam 14
Propontide 56
Ptolémée 37, 48
Pylos 10, 12, 13, 33, 54, 62, 63
Pyrée (Le) 24, 28, 38, 39, 40, 54, 75
Pythagore 58
Pythie 68, 69

Rome 48, 49, 52
Roxane 48
Russie 72

Salamine 24, 27, 32
Samos 58
Santorin 60, 61
Sardes 26
Séleucos 48
Sicile 18, 19, 20, 32, 54
Sigée 56
Socrate 24
Solon 25
Sophocle 89

Sparte 10, 12, 15, 22, 23, 25, 27, 32, 33, 34, 35, 40, 41, 42, 54, 74, 75, 84, 85, 87
Sphactérie 33
Sybaris 19, 20, 21, 36
Syracuse 18, 19, 20
Syrie 10, 38, 39, 46, 48, 60

Tanagra 32
Taygète (mont) 23
Télémaque 87
Thasos 56
Thèbes 34, 35, 40, 41, 42, 43, 65
Thémistocle 25, 75
Théra 18, 60, 61
Thermopyles 27, 43, 52
Thersite 16
Thésée 24
Thessalie 43, 52
Thrace 56
Thucydide 25, 32, 34, 74, 83
Thyeste 64
Trière 28, 29
Troie 13, 14, 15, 56, 61, 64
Tyrinthe 10, 12

Ulysse 13, 14, 15, 64, 65

Verghina 44, 45

Xanthippos 16
Xénophane 58, 67
Xénophon 40
Xerxès 26, 27, 38, 52

Zeus 10, 37, 52, 66, 67, 68, 70, 71, 72, 74, 78, 89 ■